KOMPASS

Radreiseführer

Rheinradweg

Von Mainz nach Duisburg

Genussmomente und lohnenswerte Schlenker
für Reise-Radler und E-Bike-Entdecker

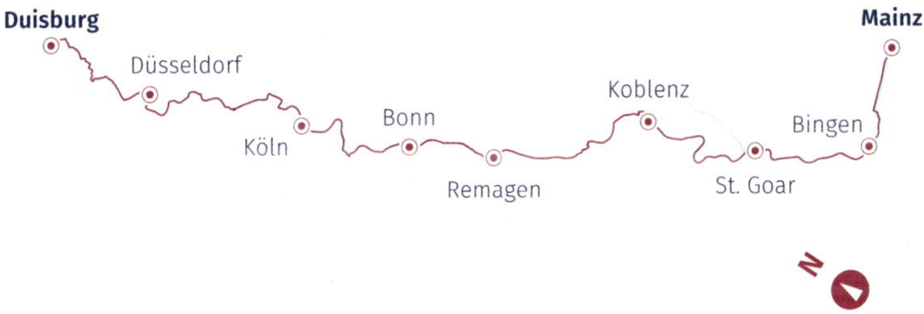

Lasse den Alltag hinter dir. Nimm dir die Zeit – Fahr los, um etwas zu erleben und schreibe es nieder. Erinnere dich an deine Reise, an die Natur, die Städte und die Menschen, mit denen du die Momente geteilt hast.

Der
Rheinradweg
Von Mainz nach Duisburg

Blick von Bingerbrück auf Bingen

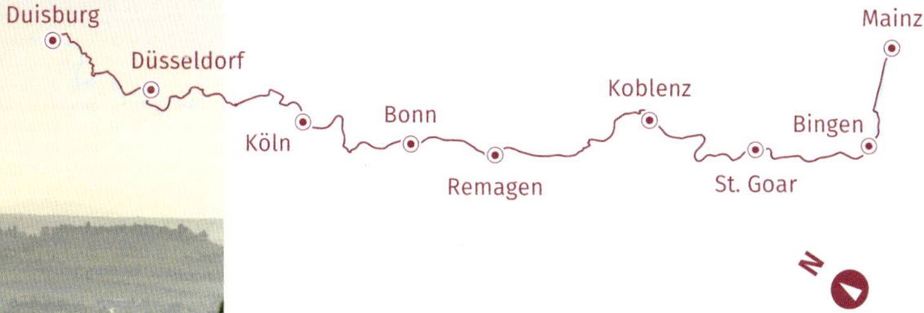

Der Rhein

Auf seinem Weg von Mainz nach Duisburg zeigt der Rhein unzählige Facetten. Zunächst durchfließt er sanft das breite, flache Tal. Ab Bingen wird es enger für den Rhein, der sich im Mittelrheintal durch die Steilhänge schlängeln muss, erst ab Bonn kann er sich wieder ausbreiten. An den Ufern gedeiht Wein, Burgen, Schlösser, Klöster und sagenumwobene Orte wie die Loreley reihen sich wie Perlen an einer Kette aneinander. Später auf dem 300 km langen Abschnitt prägen Metropolen und Industriekultur die faszinierende Kulturlandschaft am Rhein.

Pure
Rheinromantik

Zwischen Rheinhessen und dem Rheingau zeigt sich nicht nur das Klima dank des Schutzes der Taunushügel von seiner milden Seite. Auch der Rhein fließt hier noch sanft dahin. Bei Bingen und Rüdesheim geht es durch das Tor in den Grand Canyon Deutschlands, das Obere Mittelrheintal, das von der UNESCO zum Weltkulturerbe ernannt wurde. Hier liegt durchschnittlich alle 2,5 km eine Burg, in Summe sind es ganze 40! Sie erzählen von der bewegten Vergangenheit am romantischen Rhein und bilden eine beeindruckende Kulisse.

Entlang der Rheinischen
Riviera

Koblenz bildet den Abschluss des UNESCO-Welterbes und auch der Charakter der Landschaft ändert sich mit einem Mal. Auch wenn die Dichte an Sehenswürdigkeiten sinkt, so bietet dieser Abschnitt ebenso kulturelle Schätze, historische Denkmäler und Naturschönheiten, zumal auch weniger bekannte Höhepunkte, die genauso lohnen: Moderne Kunst im Arp Museum Bahnhof Rolandseck, ein Kaltwassergeysir, die Brücke von Remagen, die ehemalige Bundeshauptstadt Bonn, traditionelle Flussfischerei und Köln mit dem Dom.

Pulsierende Metropolen und Industriekultur

Eine ganz andere Seite zeigt der Rhein im Abschnitt des Niederrheins. An die Stelle von Burgen und Schlösser treten nun Metropolen (nicht minder gespickt mit historischen Bauwerken und Sehenswertem). Daneben prägte und prägt die Industrie die Region, die es in den letzten Jahren zu verstehen wusste, die einstigen Hütten, Halden und alten Hafenareale in Szene zu setzen. Die Häfen von Köln, Düsseldorf und zuletzt von Duisburg, der als größter Binnenhafen der Welt gilt, zeugen von der Bedeutung des Rheins als Transportweg.

Vorfreude...

Mit dem Zweirad aufzubrechen und aus eigener Kraft entlang des Radfernweges Land und Leute, Kultur- und Naturschätze zu entdecken, ist ein unvergleichliches Erlebnis. Damit dies gelingt, geben dir die nächsten Seiten eine Einführung zum Buch, wertvolle Tipps sowie Erfahrungswerte von Profis zu Tourenplanung und Checklisten. Außerdem gibt es hilfreiche Infos zur Beschilderung entlang des Radweges und zur Wegequalität.

ZUM RADREISEFÜHRER
Alles über die Kapitel, zu Highlights, Schlenker, Wissenswertes und über das Roadbook im Detail... **S.14 – 17**

GPX-TRACK & TOURENPLANUNG
Alle Infos zum Download der Hauptroute und wie man seine persönliche Radtour optimal plant... **S. 18 & 19**

ANREISE MIT DEM ZUG
Umweltfreundlich, ohne Parkprobleme und zusammen mit Freunden. Alle Informationen... **S. 20 & 21**

EXPERTENTIPP
Erfahrungswerte, Spezielles zum Elektrorad und die Checkliste vor jeder Fahrt von den Profis... **S. 22 & 23**

EINGEPACKT
Erfahrene Radreisende folgen dem Grundprinzip „Weniger ist mehr". Es gilt, den Spagat zwischen sinnvoller Ausrüstung und Gewicht bzw. Packvolumen zu meistern. Des Weiteren sollte systematisch und ausbalanciert gepackt werden. Es schafft Sicherheit und spart Zeit und Nerven. Die Checkliste...
S. 24 & 25

Zum Radreiseführer

Das Buch ist klar und einfach in zwei Teile gegliedert:
Reiseführer & Roadbook

Mit dabei sind ein Kontaktverzeichnis, eine große Extra-Karte und der GPX-Track zur Hauptroute.

Der Reiseführer und die Extra-Karte für den nötigen Überblick zeigen dir das „Rundherum" des Weges und nicht nur den Asphalt unter den Reifen. Hier werden die Stationen des Radwegs charmant beschrieben. Die Einteilung in **„Kapitel"** dient der großräumigen Orientierung. Dabei handelt es sich nicht um Empfehlungen für Tagesetappen. Die Wahl des Fahrrades, mit oder ohne Motorunterstützung und konditionelle Unterschiede erfordern eine individuelle Etappenplanung.

Jedes Kapitel beginnt mit einem illustrierten Höhen- und Streckenprofil zur schnellen Orientierung. Die Beschreibung greift nach und nach den landschaftlichen Charakter und die Sehenswürdigkeiten entlang der Hauptroute auf und vermittelt auf diese Weise ein Gefühl für die Umgebung. Unterbrochen wird der Text durch farblich hinterlegte Infoboxen.

Highlights am Wegesrand: Diese sind im Haupttext hervorgehoben und mit blauem Symbol durchnummeriert (siehe oben rechts). In grünen Infoboxen mit der entsprechenden Symbol-Nummer, wird das jeweilige Highlight detailliert beschrieben. Aufgrund der Fülle an Informationen kann es vorkommen, dass einige nummerierte Highlights nur im Haupttext erwähnt werden und keine separaten Erläuterungen existieren. In den Karten vom Roadbook sind die Sehenswürdigkeiten mittels Symbol-Nummer verortet. Die Stadtpläne helfen bei der Orientierung an Ort und Stelle.

Highlights am Wegesrand **1**

Lohnenswerte Schlenker **2**

Wissenswertes im Gepäck

Lohnenswerte Schlenker: Neben den Highlights sind im Text auch abseits vom Radweg gelegene Sehenswürdigkeiten als Lohnenswerte Schlenker ausgewiesen. Denn häufig zahlen sich kleinere oder größere Abstecher von der Hauptroute aus, um interessante Orte und Geheimtipps fernab des Trubels für sich zu entdecken. Die Kennzeichnung im Text sowie in der dazugehörigen Infobox beziehungsweise im Roadbook erfolgt ebenfalls über die entsprechende Symbol-Nummer.

Wissenswertes über lokale und regionale historische, landschaftliche oder kulturelle Gegebenheiten wird an vielen Stellen in roten Infoboxen vermittelt.

Roadbook: Detailkarten und exakte Wegbeschreibung

GPX-Track: Die Hauptroute für die digitale Navigation

Extra-Karte: Maximale Übersicht und Planungsinstrument

Das Roadbook enthält die Detailkarten mit eingezeichneter Hauptroute und die dazugehörige Streckenbeschreibung. Stellenweise können mehrere offizielle Varianten des Radwegs existieren. Unsere Autoren haben die schönste als Hauptroute gewählt und als rote Linie dargestellt. Es ist möglich, dass diese Route punktuell vom offiziellen Verlauf abweicht, um verkehrsreiche Abschnitte zu umfahren oder besondere Highlights entlang der Strecke aufzunehmen. Das Roadbook ist an die aktuellen Bedingungen rund um den Radweg angepasst. Die mittlerweile gute bis hervorragende Beschilderung der beliebtesten Radwege sowie die häufig offiziell erhältlichen Radwege-Apps und digitalen Wegverläufe erlauben es, das Roadbook auf das Wesentliche zu reduzieren und dadurch eine optimale Übersichtlichkeit zu erreichen.

Linien: Unsere Hauptroute wird als durchgezogene rote Linie abgebildet. Ausgewählte Varianten werden als rot gestrichelte Linie dargestellt. Lohnenswerte Schlenker entsprechen der grünen Linie und zweigen von der Hauptroute ab. Maßstabsbedingt können nicht alle Schlenker im Roadbook abgebildet werden.

Wegpunkte: Der Text und die Kartografie sind über die Wegpunkte miteinander verbunden. Schwarze Kreise mit weißer Zahl beschreiben die Hauptroute. Grüne Wegpunkte erläutern den Verlauf der Lohnenswerten Schlenker.

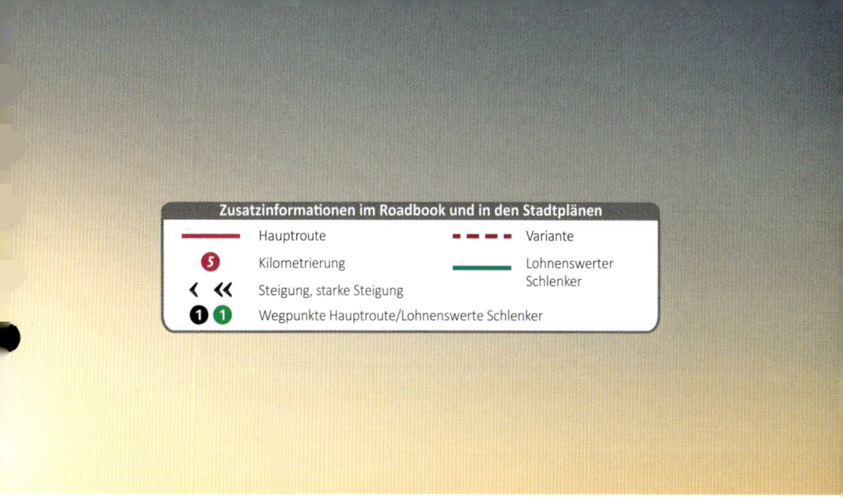

Zusatzinformationen im Roadbook und in den Stadtplänen

(rote Linie)	Hauptroute	(gestrichelte Linie)	Variante
5	Kilometrierung	(grüne Linie)	Lohnenswerter Schlenker
‹ ‹‹	Steigung, starke Steigung		
1 1	Wegpunkte Hauptroute/Lohnenswerte Schlenker		

Kilometrierung: Die Hauptroute ist vom Start bis zum Ziel fortlaufend in regelmäßigem Abstand mittels weißer Kilometerangabe in rotem Kreis beschildert. An jedem Ort ist die bereits zurückgelegte Strecke problemlos ablesbar und die Anschlusskarte schnell gefunden. Steigungspfeile entlang der Route markieren steilere Abschnitte in oder entgegen der Fahrtrichtung.

Sehenswürdigkeiten: Soweit möglich sind die im Reiseführer beschriebenen Highlights und Schlenker im Roadbook mit blauem Symbol und weißer Nummer verortet. Darüber hinaus enthalten die Karten viele weitere Hinweise zu touristischen Attraktionen und landschaftlichen Besonderheiten entlang des Radweges. Die vollständige Kartenlegende befindet sich auf der hinteren Klappe.

Aktuelles: Hochwasser- oder baustellenbedingte Umleitungen sind in der Regel gut ausgeschildert und werden ebenso wie die aktuellsten Verkehrsinformationen, Hinweise und Sicherheitsmaßnahmen auf den offiziellen Seiten des Radwegs und der Touristinformationen kommuniziert. Hilfreiche Adressen und Kontakte finden sich auf den nächsten Seiten.

GPX-Track & Tourenplanung

Den GPX-Track zur Hauptroute des Roadbooks gibt es hier zum Download:

www.kompass.de/gpx

Für die Planung einer Radtour und der einzelnen Tagesetappen sollte man sich genügend Zeit nehmen. Mache dich mit deiner Tour vertraut und wähle deine persönlichen Highlights aus. Dort wirst du bestimmt mehr Zeit verbringen wollen. Mit großer Sicherheit wirst du auch unterwegs auf den einen oder anderen Ort treffen, an dem du ungeplant verweilen möchtest.

Ohne große Erfahrung mit mehrtägigen Radtouren sollte man eher kürzere Etappen einplanen. Wenn man sein Konditionslevel nicht kennt ist es hilfreich, vorab einzelne Tagesausflüge mit seinem beladenen Tourenrad zu unternehmen. Dabei sollte man möglichst ohne große Anstrengung fahren, da es auf die Ausdauer und nicht auf die Geschwindigkeit ankommt. So wird schnell klar, bei welcher durchschnittlichen Tages-Kilometer-Leistung die eigene Komfortzone liegt und was die Stärken und Schwächen des Rades und der Sitzposition sind. Des Weiteren gilt es regelmäßig Pausen einzuplanen und eventuell. einen Ruhetag an einem lohnenswerten Ziel.

Wie viele Kilometer schafft man? Pauschal kann dies nicht gesagt werden, da zu viele Faktoren eine Rolle spielen wie unter anderem die eigene Kondition, das Gepäck, die zu überwindenden Höhenmeter oder auch das Wetter. Starker Gegenwind kann die Durchschnittsgeschwindigkeit halbieren. Mit dem E-Bike kann die Distanz schnell um 20 bis 30 % oder sogar 50 % und mehr gesteigert werden. Eigene Probefahrten schaffen Gewisseit und helfen, die persönliche Durchschnittsgeschwindigkeit und eine realistische reine Fahrzeit exklusive Pausen für sich zu ermitteln. Damit ist die Tages-Kilometer-Leistung schnell berechnet. Die nachfolgende Auflistung zeigt Erfahrungswerte, also Tages-Distanzen in Abhängigkeit vom Konditionslevel für Radtouren in ebenem bis mäßig hügeligem Gelände und dient der groben Orientierung:

<30 km = relativ einfach (Anfänger und Etappen mit Kindern)
30–40 km = gemütlich (häufige Pausen und größere Gruppen)
40–50 km = durchschnittlich (ab 50 km sind Sportliche schon gut dabei)
50–80 km = erhöhte Kondition (bereits nach leichtem Training machbar)
80–120 km = gute Kondition (mit viel Gepäck benötigt man für 120 km den ganzen Tag)
> 120 km = sehr gute Kondition

Plan B: Sollte man sich bei der Etappenlänge verplant haben, so stehen häufig regionale Fahrradtaxi-Unternehmen, Fähren, Bus und Bahn zur Verfügung (Kontakt über Touristinformationen und die offizielle Radwegseite). Im Notfall kann immer eine alternative Unterkunft gewählt werden.

Anreise mit dem Zug

Umweltfreundlich, mit Freunden als Gruppe und ohne Stau. Mit genügend Vorlaufzeit und Planung gelingt die An- & Abreise per Zug problemlos. Die Frage, wie man nach der Radtour das am Start abgestellte Auto erreicht, stellt sich erst gar nicht. Informationen bieten die folgenden Adressen:

Zentrale Service-Hotline der DB:

0180 6 99 66 33

(20 Cent/Anruf aus dem Festnetz, Mobilfunk max. 60 Cent/Anruf.)

Informationen zur Fahrradmitnahme, -versand und -miete. Sowie Buchung bzw. Reservierung von Tickets und Stellplätzen.

Zentrale Service-Hotline der ÖBB:

+43 (0)5 17 17

(Gebührenpflichtig. Die Höhe der Gebühr richtet sich ausschließlich nach dem jeweiligen Festnetz- oder Mobilfunkvertrag des Anrufers. Die ÖBB verrechnen keine zusätzlichen Kosten.)

Alle Informationen über die Mitnahme vom Fahrrad bei der Deutschen Bahn: www.bahn.de/p/view/service/fahrrad/bahn_und_fahrrad.shtml

Tipps der DB, um die Bahnreise mit dem Fahrrad zu erleichtern: www.inside.bahn.de/checkliste-fahrrad-mitnahme-bahn/

Informationen über die Fahrradmitnahme in den Zügen der Österreichischen Bundesbahnen: www.oebb.at/de/reiseplanung-services/im-zug/fahrradmitnahme

Der ADFC informiert zum Reisen mit Bahn und Rad: www.adfc.de/

Tipp vom Experten

Die Profis von Diamant blicken auf eine über 135-jährige Geschichte zurück. Für uns haben sie das Wichtigste zusammengeschrieben, damit die Fahrradtour gelingt.

Checkliste vor jeder Fahrt:

✓ Lenker und Vorbau kontrollieren
✓ Laufräder prüfen (Reifendruck, Befestigung etc.)
✓ Bremsen testen (Bremsbelag, Scheiben, Felgen etc.)
✓ Kettenspannung überprüfen
✓ Sattel (Sitz) und Sattelstütze kontrollieren
✓ Federung prüfen und Wartungsintervall checken
✓ Beleuchtung und Reflektoren sicherstellen
✓ Rahmen und Gabel begutachten
✓ Akku beim Elektrorad prüfen
✓ Pannenset & Kompatibilität kontrollieren

Die Länge einer Tagesetappe hängt von vielen Faktoren ab. Insbesondere von der eigenen Kondition, der Motivation, den Wetter- und Wegebedingungen und natürlich auch von den Wegbegleitern. Greift man auf ein Elektrorad zurück; sind weitere Faktoren zu beachten. Es ist sowohl vor Antritt als auch während einer Fahrt schwierig, die Reichweite der Akkuladung exakt vorherzusagen. Allgemein gilt jedoch:
Bei gleichem Unterstützungslevel des E-Bike-Antriebs: Je weniger Kraft du einsetzen musst, um eine bestimmte Geschwindigkeit zu erreichen (z.B. durch optimales Benutzen der Schaltung), umso weniger Energie wird der Antrieb verbrauchen und umso größer wird die Reichweite einer Akkuladung sein. Je höher der Unterstützungslevel bei ansonsten gleichen Bedingungen gewählt wird, umso geringer ist die Reichweite.

Spezielles zum Elektrorad

- Ganz wichtig: Mach dir bewusst, dass andere Verkehrsteilnehmer womöglich nicht damit rechnen, dass ein Elektrorad schneller fahren kann als ein herkömmliches Fahrrad. Außerdem erhöht eine schnellere Geschwindigkeit das Unfallrisiko.
- Überlaste den hinteren Gepäckträger nicht. Die maximal erlaubte Zuladung des hinteren Gepäckträgers beträgt 20 - 25 kg.
- Reinige das E-Bike niemals mit einem Hochdruckreiniger. Die elektrischen Komponenten sind feuchtigkeitsempfindlich. Unter Hochdruck auftreffendes Wasser kann in Steckverbindungen und andere Teile des Elektrosystems eindringen.
- Akku vor längerer Nichtbenutzung auf bis etwa 60% aufladen (normalerweise 3 bis 4 LEDs der Ladezustandsanzeige). Nach 6 Monaten den Ladezustand prüfen. Leuchtet nur noch eine LED der Ladezustandsanzeige, Akku wieder auf bis etwa 60% aufladen.
- Es ist nicht empfehlenswert, den Akku dauerhaft am Ladegerät angeschlossen zu lassen.
- Wird der Akku längere Zeit in leerem Zustand aufbewahrt, kann er trotz der geringen Selbstentladung beschädigt und die Speicherkapazität stark verringert werden.

Eingepackt

Was muss mit? Diese Packliste beantwortet die Frage. Individuelle Anpassungen sind erforderlich, da jede Radreise einzigartig ist. Beutel und Packsäcke sorgen für Ordnung in den Packtaschen.

NAVIGATION

Kartenmaterial, Radreiseführer
Handy (Ladekabel, Akkus)
GPS-Fahrradcomputer (Ladekabel, Akkus prüfen)

ALLGEMEINES

Ausweise, Papiere, Telefonnummern
Reisedokumente
Bargeld / EC-Karte / Kreditkarte
Stift & Notizbuch
Stirnlampe / Taschenlampe (Ladekabel, Akkus prüfen)
Wasserdichte Schutzhüllen für Handy und Wertsachen
Powerbank (mobile Stromversorgung)

FAHRRADSPEZIFISCH

Tacho/Fahrradcomputer
Getränkeflasche / Schlauch-Trinksystem
Fahrradlicht vorne & hinten
Fahrradwerkzeug für Standardreparaturen & Flickzeug
Ersatzschlauch & Reifenheber
Luftpumpe, Lappen
Schloss
E-Bike-Ladegerät nicht vergessen!

NOTIZEN

KLEIDUNG & SCHUTZ
Tages- & Wechselkleidung
Gepolsterte Radunterhose
Leichte Isolationsjacke
Regenjacke und Regenhose
Schlafzeug, Badezeug
Radtourenschuhe
Wechselschuhe oder Sandalen
Sport-, Sonnenbrille (bruchsicher)
Helm (gesetzliche Helmpflicht in Österreich für Kinder unter 12 Jahren)
Unterhelmstirnband / -mütze
Schlauchtuch / Buff
Fahrradhandschuhe

REISEAPOTHEKE
Erste-Hilfe-Set (ergänzt um pers. Medikamente)
Desinfektionsmittel, Mundschutz, Seife
Pflaster / Stretchverband
Sonnen- & Insektenschutz
Augentropfen
Ohrstöpsel

HYGIENE
Kulturbeutel (gepackt)
Duschgel & Shampoo
Zahnbürste & Zahnpasta
Reisehandtuch
Taschentücher

SONSTIGES
Ersatzbrille
Fotoapparat (Speicherkarte & Akkus prüfen)
Unterhaltung: Buch, Spielkarten, Zeitschrift…
Kopfhörer
Feuerzeug & Taschenmesser (optimal mit Schere)
Spülmittel, Schwamm und Geschirrtuch
Campingausrüstung (falls erforderlich)
Geschirr & Besteck

Schilderwald, Wegecharakter, Informationen

Die Beschilderung entlang des Radweges. Blauer "Rheinradler" / EuroVelo 15 - Markierung / D-Route 8 / Erlebnisweg Rheinschiene.

Der Rheinradweg ist Teil des europäischen Radrouten-Netz EuroVelo und besitzt dort die Kennung EV15. Die angestrebte einheitliche und durchgehende Beschilderung mit dem EV15-Logo ist sehr weit fortgeschritten, weist aber stellenweise und besonders in Großstädten noch Lücken auf. Zum Teil ist nur eine der Flussseiten ausreichend mit Markierungen versehen. Die existierende Beschilderung variiert. In Rheinland-Pfalz und NRW ist der Rheinradler (gelber Radfahrer auf blauem Hintergrund) und das offizielle EV-15-Logo zu finden. In Hessen wird nur das EV-15-Logo verwendet. Der Routenverlauf des Rheinradwegs in Deutschland entspricht zum Teil der D-Route 8 (Rhein-Radweg im Radnetz Deutschland). Die D-Route ist nur einseitig vom Rhein beschildert und verläuft vorwiegend durch Städte. Im Abschnitt Bonn-Köln-Düsseldorf-Duisburg ist der Weg zusätzlich als "Erlebnisweg Rheinschiene" ausgeschildert und mit vielen Infotafeln versehen. An zahlreichen Fähren und Brücken besteht die Möglichkeit die Seite zu wechseln.

Die Wegequalität wird bis auf wenige Ausnahmen mit sehr gut bewertet. Die flussbegleitende Route führt größtenteils über asphaltierte Radwege, häufig auf dem Damm. Gelegentlich dient auch Schotter als Untergrund. Abschnittsweise führt die Route auf straßenbegleitenden Radwegen entlang von Hauptverkehrsstraßen. Im Oberen Mittelrheintal (Assmannshausen-Kestert) muss auf der rechtsrheinischen Route häufig auf der Bundesstraße gefahren werden. Daher wird auf diesem Abschnitt der linksrheinische Verlauf im Roadbook beschrieben.

Der meist ebene Radweg ist einsteigerfreundlich. Durch das stellenweise erhöhte Verkehrsaufkommen in den Großstädten und neben den Radwegen, ist er jedoch nur bedingt für Familien geeignet.

Informationen über Sperrungen und Umleitungen bieten die Radroutenplaner der Länder (siehe rechts).

Rheinhessen-Touristik GmbH
Kreuzhof 1
55268 Nieder-Olm
Telefon: (+49) 6136 92398 0
E-Mail: info@rheinhessen.info
www.rheinhessen.de/rhein-radweg-rheinhessen
www.radroutenplaner.hessen.de/

Rheinland-Pfalz Tourismus GmbH
Löhrstraße 103 - 105
56068 Koblenz
Tel.: +49 (0) 261 91520-0
E-Mail: info@rlp-tourismus.de
www.rlp-tourismus.de
www.radwanderland.de/

Tourismus NRW e.V.
Völklinger Str. 4
40219 Düsseldorf
Telefon: +49 211 91320-500
E-Mail: info@nrw-tourismus.de
www.nrw-tourismus.de/rheinradweg
www.radroutenplaner.nrw.de/

Radrouten-Netz EuroVelo - Rheinradweg (EV15)
www.eurovelo.com/ev15

Radnetz Deutschland - Rhein-Route (D-Route 8)
www.radroutenplaner-deutschland.de/

Der Rheinradweg

Von Mainz nach Duisburg

Teil 1
Reiseführer

Theodor-Heuss-Brücke in Mainz

und Rheinhessen

Der Weg, den der Rhein von seiner Quelle im Tomasee im Schweizer Gotthard-Massiv bis zu seiner Mündung in die Nordsee bei Rotterdam zurücklegt, ist lang – 1230 km, um genau zu sein. Auf seiner Reise durch vier Länder wechselt der Fluss, der sich zu einer der verkehrsreichsten Wasserstraßen der Welt entwickeln wird, immer wieder seine Gestalt und die Richtung, so auch von Mainz nach Duisburg. Während man ab Mainz noch ein kleines Stück den Oberrhein begleitet, wie der Flussabschnitt ab Basel genannt wird, der aus Süden kommend an der Barriere des Taunus dazu gezwungen wird, einen 90°-Schwenk nach Westen einzuschlagen, so folgt man ab der Nahemündung bei Bingen, wo der Rhein abermals einen Bogen um 90°, diesmal nach Norden, schlägt, für den Großteil dieses Buches dem Mittelrhein, wie der Rhein mit dem Übergang in das Rheinische Schiefergebirge von Bingen bis Bonn genannt wird.

Der Mittelrhein gilt als Inbegriff der romantischen Rheinlandschaft. Auf das breite und flache Tal des Oberrheins folgen nun enge Einschnitte mit Steilhängen, an denen der Wein gedeiht. Beiderseits des Rheins säumen Burgen, Schlösser und Adelssitze die Hänge, in solch einer Zahl, dass die Burgendichte entlang dieses Rheinabschnitts zu den höchsten ganz Deutschlands zählt. Diesen Reichtum an kulturellen Zeugnissen und die außergewöhnliche Kulturlandschaft erkannte die UNESCO im Jahr 2002 an und ernannte das „Obere Mittelrheintal“ auf einem 65 km langen Abschnitt zwischen Bingen, Rüdesheim und Koblenz zum Welterbe.

Das enge Mittelrheintal weitet sich nördlich von Bonn, wo es in die Kölner Bucht und schließlich in die Niederrheinische Bucht übergeht. Dieser landschaftlich prägenden Veränderung entsprechend, spricht man ab Bonn vom Niederrhein. Ähnlich wie der Oberrhein wurde auch der Niederrhein umfassend begradigt, von den ursprünglich unzähligen Mäandern ist heute nichts mehr zu sehen. Die romantischen Zeiten sind nun endgültig vorbei, denn nun prägen die quirligen Großstädte mit dichter Besiedelung und viel Industrie das Landschaftsbild. Sie bilden einen reizvollen landschaftlichen Kontrast. Die Hafenstädte Köln, Düsseldorf und Duisburg zeugen von der wirtschaftlichen Bedeutung des Rheins als Transportinfrastruktur. Neben den gewerblichen Frachtschiffen sind aber auch viele Ausflugsschiffe und private Yachten unterwegs.

Der Rheinradweg/EuroVelo15 benutzt im Verlauf von Mainz nach Duisburg weitestgehend sowohl die rechte als auch die linke Uferseite, wobei die beiden Routen durch Brücken und Fähren ständig miteinander verbunden sind. Tatsache ist: Beiderseits des Rheins warten hinter jeder Flussbiegung Kulturschätze. Die in diesem Buch vorgegebene Route versteht sich als Vorschlag im

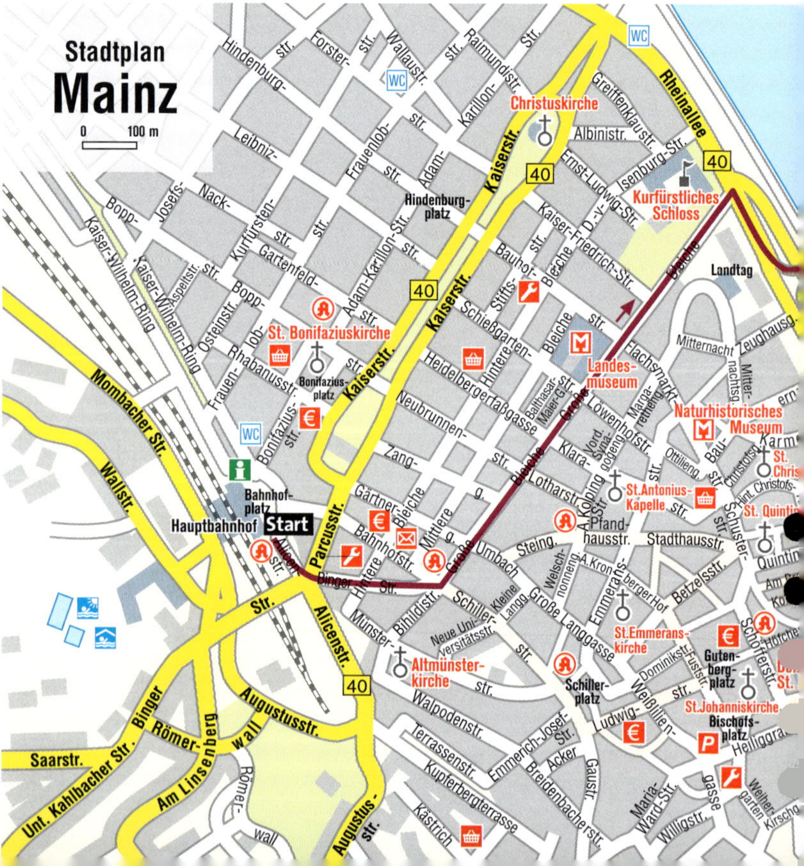

Sinne einer Ideallinie, an der möglichst viele Sehenswürdigkeiten direkt entlang des Weges liegen.

Den ersten Höhepunkt auf diesem Weg nach Duisburg bildet **Mainz** ❶, die Dom- und Landeshauptstadt von Rheinland Pfalz, für die man sich vor dem Start der Radreise unbedingt genügend Zeit nehmen sollte. Sie besitzt Baudenkmäler aus der Römerzeit, eine reizende Altstadt mit malerischen Fachwerkhäusern, aus denen sich der imposante Kaiserdom emporhebt, ein im Jahr 2021 als UNESCO-Welterbe anerkanntes jüdisches Erbe, und sie war Geburtsort des Buchdruck-Erfinders Johannes Gutenberg. Und, anders als andernorts, gibt es in Mainz fünf Jahreszeiten. Denn während der Fastnacht ist Ausnahmezustand in der närrischen Hochburg. Reges Treiben herrscht außerdem über das ganze Jahr am Mainzer Wochenmarkt, der drei Mal pro Woche auf den malerischen Domplätzen in der Altstadt stattfindet und als einer der ältesten und wohl schönsten seiner Art in ganz Deutschland gilt.

Highlight am Wegesrand 1

Mainz

Die Gutenbergstadt

Die **Altstadt** von Mainz mit ihren schmucken Fachwerkhäusern und den kopfsteingepflasterten Gassen bietet ein malerisches Bild. Nachdem zwischen 1942 und 1945 praktisch die ganze Stadt in Schutt und Asche lag, wurden später unzählige Gebäude wieder aufgebaut und restauriert. Als besonderes architektonisches Prunkstück thront in der Altstadt der **Dom St. Martin**, seinen Grundstein legte Erzbischof Willigis im Jahr 975. Trotz unzähliger Umbauten, Renovierungen und Zerstörungen ist das Grundkonstrukt der romanischen Pfeilerbasilika mit zwei Chören bis heute erhalten. Ebenfalls von Erzbischof Willigis begründet wurde **St. Stephan**. Im Zuge des Wiederaufbaus der Kirche, die im Zweiten Weltkrieg fast vollständig zerstört worden war, kontaktierte Pfarrer Klaus Mayer den jüdischen Künstler Marc Chagall, der sich als Zeichen der Völkerverständigung dazu bereit erklärte, die Kirchenfenster zu gestalten. Die Stimmung, die die Buntverglasung im Inneren des Kirchenraumes erzeugt, muss man selbst auf sich wirken lassen. Allgegenwärtig ist in Mainz der wohl berühmteste Sohn der Stadt: Johannes Gu-

Dom St. Martin

Gutenbergstatue

tenberg, der Erfinder des Buchdrucks mit beweglichen Lettern. Ihm und seiner revolutionären Erfindung ist das **Gutenberg-Museum** gewidmet, in dem zwei originale Gutenberg-Bibeln aus der Mitte des 15. Jahrhunderts ausgestellt sind. Als „Weltmuseum der Druckkunst" lädt das Haus zu einer Reise durch vier Jahrtausende Buch-, Druck- und Schriftkultur. Es gibt in Mainz jedoch noch ganz andere Spuren der langen Historie zu entdecken. In der Antike war das **römische Mainz**, Mogontiacum, ein militärisches und später ziviles Zentrum der Region. Eines der bis heute erhaltenen Zeugnisse ist das römische Bühnentheater, das erst 1914 bis 1916 entdeckt wurde und ursprünglich für 10.000 Besucher konzipiert war. Eine ganz andere Facette aus der langen Stadtgeschichte spiegelt das **jüdische Mainz** wider. Mainz entwickelte sich im 10. Jahrhundert neben den Städten Speyer und Worms zu einem Zentrum für jüdische Kultur in Europa. Die jüdischen Gemeinden der drei Städte bildeten im Mittelalter den Verbund der sogenannten SchUM-Gemeinden, dessen Bezeichnung sich aus den Anfangsbuchstaben der hebräischen Städtenamen ergab. Zwar sind in Mainz aufgrund von zahlreichen Zerstörungen weder vom frühneuzeitlichen jüdischen Viertel noch vom mittelalterlichen Getto Zeugnisse erhalten, doch der Friedhof „Judensand", auf dem so manch Grabstein schief aus dem Boden ragt, zeugt als Monument von der mittelalterlichen Blütezeit der jüdischen Gemeinde in Mainz. Er gilt als der älteste jüdische Friedhof in Europa, der älteste Grabstein am Judensand stammt aus dem Jahr 1049. In Anerkennung dieser ältesten Zeugnisse jüdischen Lebens in Deutschland wurden die SchUM-Stätten im Juli 2021 von der UNESCO zum Welterbe erklärt.

Rheinstrand Mainz

Der Mainzer Hauptbahnhof ist nicht nur der wichtigste Bahnhof des Bundeslandes Rheinland-Pfalz, sondern auch der Startpunkt für den Abschnitt des Rheinradweges in diesem Buch. Er wurde nach Plänen von Philipp Johann Berdellé zwischen 1882 und 1884 im Stil der italienischen Renaissance mit barocken Elementen erbaut. Von diesem Verkehrsknotenpunkt geht es zunächst zum Rhein, wo sich auf Höhe der Theodor-Heuss-Brücke am Mainzstrand von Anfang Mai bis Ende September Sonnenhungrige versammeln. In den gemütlichen Lounge-Zonen wird gechillt, während sich Sportbegeisterte am Beach-Volleyballfeld treffen.

Nach dem mediterranen Kurzurlaub geht die Reise aber erst richtig los, und zwar auf der anderen, der orografisch rechten Seite des Rheins – dank der schönen alten Weinorte, der Schlösser und Yachthäfen die interessantere Uferseite. Aus Süden kommend schlägt der Fluss hier eine scharfe Kurve ein, da sich ihm die Berge des Taunus als Barriere in den Weg stellen, und fließt das Stück bis nach Bingen erstmals seit Basel von Ost nach West. Bemerkenswert sind auf dieser Teilstrecke die Inseln, weshalb dieser Flussabschnitt den Beinamen „Inselrhein" trägt. Da die Rheinauen mit ihren seichten Stillwasserbereichen, den Auwaldresten und den feuchten Grünflächen ein Paradies für Vögel darstellen, steht ein Großteil der Inseln auf diesem außergewöhnlich breiten Flussabschnitt unter Naturschutz.

Mainz-Kastel, das als historischer Brückenkopf der Mainzer Altstadt gegenüber liegt, gehört seit 1945 zur hessischen Landeshauptstadt Wiesbaden, ebenso wie der folgende Ortsbezirk Amöneburg. Unmittelbar am Rheinufer des Wiesbadener Stadtteils Biebrich liegt eines der bedeutendsten Barockschlösser entlang des Rheins: **Schloss Biebrich** 2.

2 *Highlight* am Wegesrand

Schloss Biebrich

mit Schlosspark

Der dreiflügelige Barockbau unmittelbar am Rheinufer war ursprünglich nur als Gartenhäuschen konzipiert, wurde später jedoch als Wohnschlösschen ausgebaut. So entstand von 1700 bis 1750 das prachtvolle Schloss Biebrich, das den Fürsten und späteren Herzögen von Nassau als Residenz diente und heute von der Hessischen Landesregierung zu Repräsentationszwecken genutzt wird. Der Schlosspark geht im Wesentlichen auf Friedrich Ludwig von Sckell zurück, der ihn als modernen Englischen Landschaftsgarten plante. Der zwischen 1817 und 1825 angelegte Park mit der Moosburg-Ruine ist öffentlich zugänglich.

Moosburg im Schlosspark Biebrich

3 *Highlight* am Wegesrand

Eltville

Wo Wein gedeiht und Rosen duften

In Eltville, der ältesten Stadt im Rheingau, gedeiht nicht nur der Wein an den Hängen, hier hat auch die Rosenzucht eine lange Tradition. Ende des 19. Jahrhunderts wurde hier eine Rosenschule gegründet. Die hiesige Rosenzucht war so berühmt, dass sie sogar den Hof des Zaren in St. Petersburg belieferte. Nachdem die Tradition nach dem Ersten Weltkrieg eingeschlafen war, wurde sie ab den 1960er-Jahren wieder aufgegriffen und der Stadt wurde 1988 das Prädikat „Rosenstadt" verliehen. Im Frühsommer verwandeln 20.000 Rosenstöcke den Burggraben an der Rheinpromenade in ein leuchtend-duftendes Blütenmeer.

Wahrzeichen der Stadt ist die **Kurfürstliche Burg Eltville**, die ab 1330 erbaut wurde und direkt am Rheinufer liegt. Sie diente den Mainzer Erzbischöfen und Kurfürsten als Residenz. Heute ist noch der einstige Wohnturm erhalten, in welchem sich die Gutenberg-Gedenkstätte mit einer Ausstellung zur Druckkunst befindet. Er dürfte einige Jahre seiner Kindheit in Eltville gelebt haben und erhielt hier 1465 die einzige Ehrung zu seinen Lebzeiten. Nach seinem Tod wurde in Eltville eine kleine Druckerei gegründet. Sie gilt als sechsälteste Druckstätte der Welt.

Kurfürstliche Burg Eltville

Kloster Eberbach

Nach einem Spaziergang durch den Schlosspark Biebrich führt der Weg vorbei am Schiersteiner Hafen nach Walluf, die älteste Weinbaugemeinde des Rheingaus. Ein Stück weiter dem Weg entlang folgt die Wein-, Sekt- und Rosenstadt **Eltville** 3. Hier sollte man das Fahrrad für einen Spaziergang durch die Altstadt mit dem farbenfrohen Fachwerk und den romantischen Rosengärten kurz abstellen.

Inmitten des Rheins vor Eltville liegt die Königsklinger Aue im Fluss. Sie ist mit rund 80 ha die größte Rheininsel im Abschnitt zwischen Mainz und Bingen und steht unter Naturschutz. Lediglich das Herrenhaus, eine schöne Villa aus Anfang des 20. Jahrhunderts, thront auf dieser in Privatbesitz befindlichen Insel. Rechtsrheinisch setzt sich der Rheinradweg nun fort in Richtung Oestrich. Rechter Hand des Weges läge noch eine weitere Sehenswürdigkeit: Das **Kloster Eberbach**, rund 7 km von Eltville entfernt, blickt auf fast 900 Jahre Geschichte zurück und zählt zu den bedeutendsten Kulturdenkmälern Deutschlands. 1136 wurde das ehemalige Zisterzienserkloster gegründet, der Bau selbst ist in schlichtem romanischen und frühgotischen Stil gehalten. In seiner Blütezeit lebten bis zu 150 Mönche und 600 Laienbrüder im Kloster Eberbach. Nachdem die Anlage nach der Säkularisierung als Frauengefängnis, „Irrenanstalt", Viehstallung und landwirtschaftlicher Pachtbetrieb diente, kam Kloster Eberbach 1945 in die Hand des Landes Hessen und wurde 1998 in eine Stiftung überführt mit dem Auftrag, das Bau- und Kulturdenkmal zu erhalten, der Öffentlichkeit zugänglich zu machen und die jahrhundertelange Weinkultur zu bewahren. Seit dem 12. Jahrhundert gedeihen in den Lagen des Weinguts Eberbach Reben für Wein und Sekt, auf dem nahen Steinberg etwa für den Riesling.

Klunkardshof in der Rüdesheimer Altstadt

Die nächste Weinbaugemeinde auf dem Weg ist Erbach, in dem noch einige Herrensitze erhalten sind. Im Rhein liegt mittlerweile die nächste Insel vorgelagert: die **Mariannen-aue**. Sie wird vom Weingut Schloss Reinhartshausen landwirtschaftlich genutzt und steht unter Naturschutz, ist Europa-Naturreservat und FFH-Gebiet. Hier brüten regelmäßig Schwarzmilane, Graureiher und Kormorane, Zugvögeln dient die Insel zur Rast oder Überwinterung. Auch eine seltene Biberart lebt hier.

Weiter durch den schönen Weinort Hattenheim mit seinen Fachwerkhäusern, gelangt man nach Oestrich. Hier ist mit dem alten **Weinverladekran** am Rheinufer ein besonderes Zeugnis der Weinkultur – das einzige seiner Art auf dem Rhein – erhalten. Umhüllt von einer dunklen Bretterverschalung ist die ausgefeilte Technik,

Rüdesheim

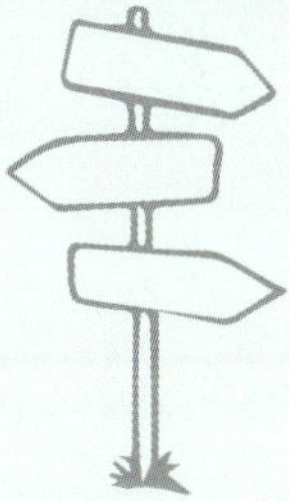

Rüdesheim gilt gemeinsam mit Bingen als Tor zum UNESCO Welterbe „Oberes Mittelrheintal" und verbindet dieses mit den Weiten des Rheingaus. Hauptattraktionspunkt ist die mit Weinhäusern gesäumte Drosselgasse im Herzen der Altstadt. Sie zieht jährlich 3 Mio. Touristen an. Hübsche Fachwerkbauten und schöne Bürger- und Adelshöfe prägen das Bild der Altstadt. Ein Erlebnis ist die Seilbahnfahrt von Rüdesheim, die über die malerischen Weinberge zum Niederwalddenkmal schwebt und bereits während der Fahrt großartige Panoramablicke über die Rüdesheimer Altstadt und den glänzenden Rhein bietet. Das Niederwalddenkmal selbst, ein monumentales Denkmal der Wilhelminischen Ära, ragt über 38 m empor. Die weithin sichtbare Germania erinnert an die Gründung des Deutschen Kaiserreiches nach dem Deutsch-Französischen Krieg 1870/71.

die von 1745 bis 1926 dem Be- und Entladen von Schiffen diente. Ähnlich einem Hamsterrad mussten zwei Kranknechte im Inneren durch Vorwärtstreten die zwei großen Mühlräder in Bewegung halten, wodurch die Lasten, vorwiegend Weinfässer und Baumstämme, gehoben wurden.

Vor Querung des Rheins bietet sich **Rüdesheim** 4 für einen Ausflug mit Fähranschluss nach Bingen an. Wer Rüdesheim ausspart, der nimmt bei Oestrich-Winkel die Fähre nach Ingelheim, wo man auf kaiserlichen Spuren wandelt. Die Ingelheimer Kaiserpfalz diente ab Mitte des 8. Jahrhunderts bis ins 11. Jahrhundert Kaisern und Königen als Stützpunkt. Der Weg setzt sich am linken Rheinufer durch die Rheinwiesen fort, vorbei an Gaulsheim, bis zu einem weiteren Höhepunkt der Reise: dem alten Römer- und Weinort **Bingen** 5.

5 *Highlight* am Wegesrand

Bingen

Ablegen ins Weltkulturerbe!

Eingebettet in vier Weinbaugebiete (Rheingau, Mittelrhein, Nahe und Rheinhessen) liegt die Stadt Bingen malerisch am Rheinufer. Von der 2000-jährigen Geschichte der Stadt weiß das **Museum am Strom** viel zu erzählen, so etwa über das Alltagsleben zur Römerzeit, aber auch über Hildegard von Bingen, eine der ersten Wissenschaftlerinnen und Volksheilige, die heute u. a. für ihr fortschrittliches Wissen rund um Heilkräuter und Gewürze bekannt ist und die in Bingen wirkte. Historisch bedeutsam war auch die **Drususbrücke**, eine der ältesten Steinbrücken Deutschlands. Sieben Bögen führen über die Nahe, die hier bei Bingen in den Rhein mündet. Nach ihrer Zerstörung 1945 wurde sie 1952 wieder aufgebaut und bei dieser Gelegenheit verbreitert. Ein weithin sichtbares Markenzeichen Bingens sind die **Burg Klopp** auf den Anhöhen des Kloppbergs, in der heute die Stadtverwaltung untergebracht ist, sowie der Binger **Mäuseturm**, der auf einer kleinen Rheininsel der Stadt vorgelagert ist. In seiner wechselvollen Geschichte diente er als Wach-, Zoll- und Signalturm für die Schifffahrt. Der Legende nach soll der Mainzer Erzbischof Hatto II. im 11. Jahrhundert als Strafe für seine Unbarmherzigkeit gegenüber den Armen während einer Hungersnot bei lebendigem Leib von Mäusen gefressen worden sein.

Drususbrücke bei Bingen

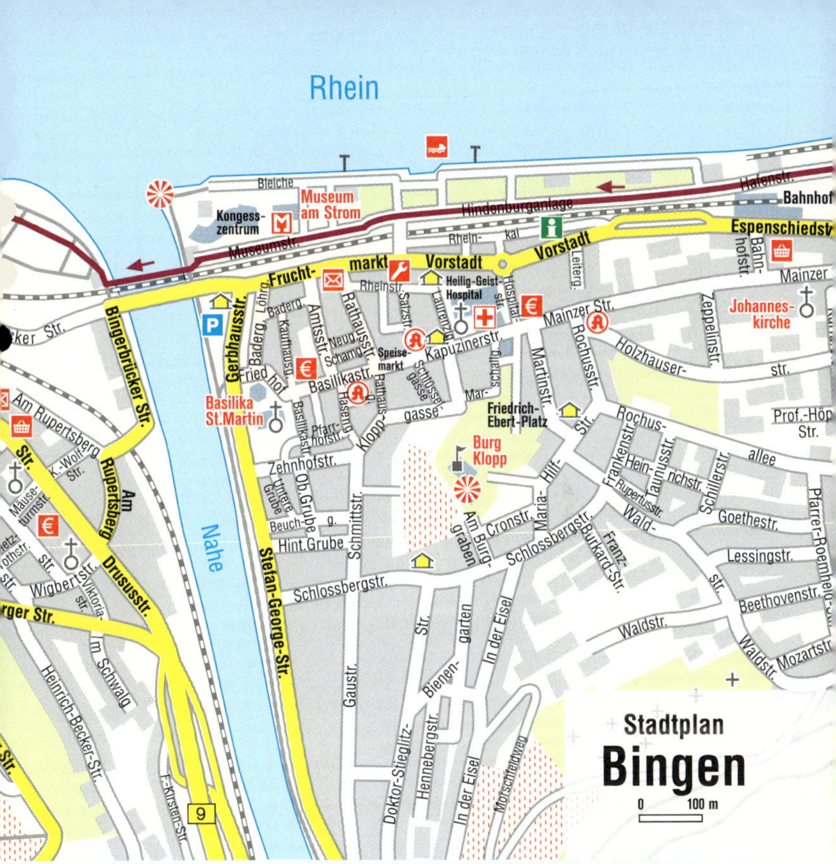
Rhein
Bleiche
Museum am Strom
Kongess-zentrum
Hindenburganlage
Hafenstr.
Bahnhof
Espenschiedstr.
Museumstr.
Rhein-kai
Fruchtmarkt
Vorstadt
Vorstadt
Heilig-Geist-Hospital
Rheinstr.
Bahn-hofstr.
Mainzer
Johannes-kirche
Leiterg.
Mainzer Str.
Zeppelinstr.
Holzhauser-str.
Bingerbrücker Str.
Gerbhausstr.
Badergr.
Amtsstr.
Rathausstr.
Kapuzinerstr.
Speise-markt
Basilikastr.
Basilika St.Martin
Martinstr.
Rochusstr.
Friedrich-Ebert-Platz
Prof.-Höpfner-Str.
Rochus-allee
Burg Klopp
Am Rupertsberg
Rupertsberg
Zehnhofstr.
Ob.Grube
Hint.Grube
Schmittstr.
Am Burg-graben
Cronstr.
Maria-Hilf-Str.
Schlossbergstr.
Frankenstr.
Taunusstr.
Heinrichstr.
Schillerstr.
Goethestr.
Lessingstr.
Beethovenstr.
Pfarrer-Roemheld-Str.
Burkard-Str.
Franz-Str.
Wald-str.
Waldstr.
Mozartstr.
Nahe
Stefan-George-Str.
Drususstr.
Wigbertstr.
Viktoriastr.
Im Schwalg
Heinrich-Becker-Str.
F.-Kirsten-Str.
Gaustr.
Doktor-Stieglitz-Str.
Hennebergstr.
Bienengarten
In der Eisel
Morschheidweg
9
Stadtplan
Bingen
0 100 m

Essen, Trinken & Durchatmen

Ein kulinarischer Abzweig

Von Weitem mutet die **Rheinschänke Hattenheim** ein wenig wie ein Schiff an. In einer Region, in der die Weinstände Tradition haben, erinnert die Rheinschänke eher an einen Biergarten, der im Übrigen direkt am Rhein gelegen ist. Bestellt wird an der Theke, die Speisen werden allerdings serviert. Wer nun aber Fast Food erwartet, wird eines Besseren belehrt, wenn die leckeren Burger, Flammkuchen, Hahn im Korb & Co. auf dem Tisch stehen.

Rheinschänke Hattenheim
Auweg 2
65347 Eltville
Tel. +49 6723 9985566
www.rheinschaenke.de

Das **Weingut Kaspar Herke** wird seit über 14 Generationen als Familienweingut betrieben. Der Rheingauer Tradition der Straußwirtschaft nachempfunden, wird am Weingut auch ein Gutsausschank betrieben. Dort genießt man bei schönen Wetter im Innenhof bzw. im Garten bzw. im Winter rund um den wärmenden Holzofen Klassiker des Rheingaus neben vegetarischen und veganen Gerichten, die mit den hofeigenen Weinen serviert werden. Reservierung empfohlen.

Weingut Kaspar Herke
Langenhoffstraße 4
65375 Oestrich-Winkel
Tel. +49 6723 4006
www.weingut-kaspar-herke.de

Ein Flusstal wie aus dem

Niederwalddenkmal

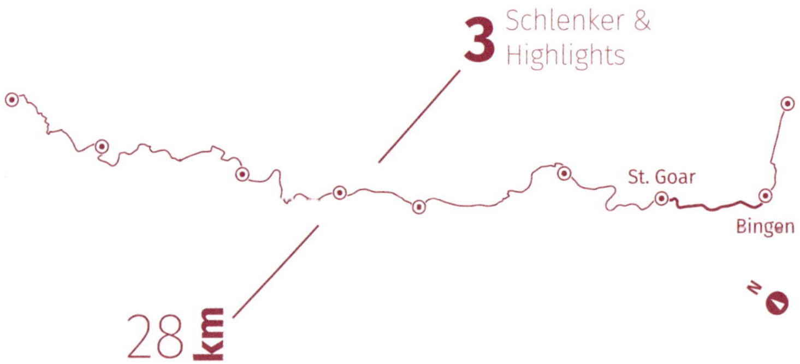

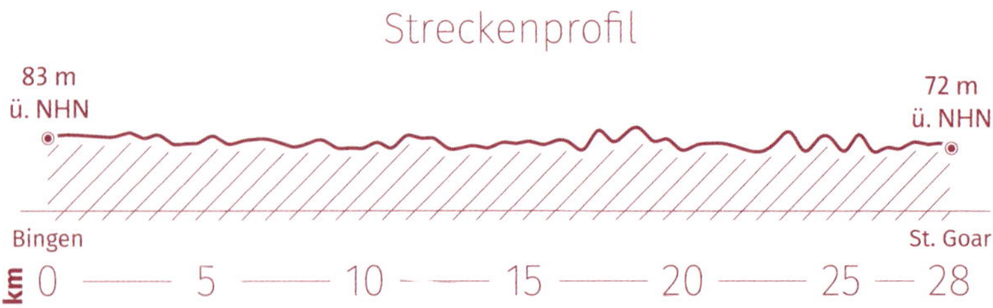

Bilderbuch

Bei Bingen zieht der Rhein wieder in einem markanten Bogen nach Norden. In einem steilen, engen Tal schneidet er sich in das Rheinische Schiefergebirge ein, rechtsrheinisch die Berge von Taunus und Westerwald, linksrheinisch Hunsrück und Eifel. Aufgrund seiner markanten Charakteränderung wird der Abschnitt von Bingen bis nach Bonn als Mittelrhein bezeichnet. Der Rhein wird hier mit einem Mal nicht nur schmal, sondern auch tief – bis zu 25 m. Die Flussengen mit ihren Untiefen und hoch aufragenden Felsen stellten seinerzeit eine große Gefahr für die Schifffahrt dar, die problematischste Stelle war das Binger Loch. Aufgrund eines quer zum Fluss verlaufenden Quarzitriffs war das Passieren unmöglich. Die Lastschiffe mussten in Geisenheim entladen und mit einem Seil vom Ufer aus gezogen werden, während die Waren über den Taunus nach Lorch transportiert und dann erneut auf die Schiffe geladen wurden. Im 14. Jahrhundert wurde das Riff gesprengt und das Binger Loch entstand, das im 19. Jahrhundert durch abermalige Sprengungen nochmals vergrößert wurde, was zu einer wesentlichen Verbesserung für die Schifffahrt beitrug.

Bingen und Rüdesheim bilden hier das Tor zum **UNESCO-Welterbe Oberes Mittelrheintal**, das über 67 km bis nach Koblenz führt. Auf der orografisch linken Flussseite ist der Rheinradweg wesentlich angenehmer zu befahren. Während rechtsseitig teils große Steigungen bewältigt werden müssen, die allerdings mit einem schönen Blick belohnen, radelt man am linken Ufer praktisch flach dahin. Zunächst zieht der Mäuseturm auf einer kleinen Felsinsel vor dem Binger Loch vorüber, wenig später am gegenüberliegenden Ufer die Rotweingemeinde Assmannshausen. Bald schon reiht sich eine Burg nach der anderen ein – zunächst

Wissenswertes im Gepäck

Oberes Mittelrheintal

UNESCO-Welterbe

Weltberühmt und sagenumwoben ist das Obere Mittelrheintal, eine traumhafte Naturlandschaft, die durch den Menschen über 2000 Jahre zu einer einzigartigen Kulturlandschaft geformt wurde. Hier windet sich der Rhein, der sich tief in das Rheinische Schiefergebirge eingegraben hat, durch schroffe Felsen vorbei an steilen Weinlagen.

Seit zwei Jahrtausenden dient der Rhein als eine der wichtigsten Handelsrouten zwischen dem Mittelmeerraum und Nordeuropa. Burgen, Schlösser und Klöster säumen den schmalen Uferstreifen und die Hänge und zeugen von der bewegten Vergangenheit. Viele Mythen und Sagen ranken sich um das Rheintal, deren absoluter Höhepunkt zweifelsohne der Loreleyfelsen bildet. Unzählige Dichter, Maler und Komponisten ließen sich von der Rheinromantik inspirieren. Ab dem 19. Jahrhundert war das Obere Mittelrheintal Anziehungspunkt für Touristen.

Im Jahr 2002 wurde das Obere Mittelrheintal zwischen Bingen/Rüdesheim im Süden und Koblenz im Norden von der UNESCO als erste deutsche Kulturlandschaft in die Welterbe-Liste aufgenommen. Ziel der Welterbe-Anerkennung ist einerseits die Bewahrung der außergewöhnlichen Kulturlandschaft, andererseits aber auch die Förderung von Erneuerung in der Region.

Mäuseturminsel Bingen

Burg Rheinstein, die im 14. Jahrhundert als Zollburg erbaut wurde, im 17. Jahrhundert jedoch zusehends verfiel, bis Prinz Friedrich Wilhelm Ludwig von Preußen sie 1823 im Romantikstil der Rheinebene neu errichten ließ. Auf sie folgt hinter der kleinen Rheininsel Klemensgrund **Burg Reichenstein** bei Trechtingshausen, die vermutlich ursprünglich auf das 12. Jahrhundert zurückging und, nach zusehendem Verfall, ebenfalls im Stil der Rheinromantik revitalisiert wurde. Rechts der Rhein, links die Bahn führt der Weg weiter, vorbei an der Burg Sooneck und der Burg Hohneck in Heimburg. Über Rheindiebach führt die Route in die Weinstadt **Bacharach**, die schon Clemens Brentano und Victor Hugo tief beeindruckte, der in seinem Reisetagebuch festhielt: „Bacharach ist wohl der älteste von Menschen bewohnte Ort, den ich in meinem Leben gesehen. Man glaubt, daß ein Riese, der mit Antiquitäten gehandelt, am Rhein einen Kramladen aufschlagen wollte." Oberhalb von Bacharach thront die Burg Stahleck, Wahrzeichen der Stadt und der Rheinromantik. Neben der heute als Jugendherberge dienenden Burg ist die Wernerkapelle, eine gotische Kirchenruine aus dem Jahr 1293.

Die meisten der Inseln im Rhein in diesem Abschnitt werden „Werth" genannt – so auch der alsbald folgende Bacharacher Werth. Auf einem Riff inmitten des Rheins vor Kaub liegt die **Burg Pfalzgrafenstein** 6, die mit der Fähre über Kaub erreichbar ist.

Burg Pfalzgrafenstein

Blick auf Bacharach

Die Route links des Rheins führt bald darauf nach **Oberwesel**, die Stadt der Türme und des Weins. Mit 16 Wehrtürmen gilt die Stadtmauer von Oberwesel als die besterhaltene Ummauerung am Mittelrhein, die obendrein begehbar ist. Auf einer Anhöhe liegt die Schönburg, die erstmals 1149 erwähnt, Ende des 19. Jahrhunderts wieder aufgebaut wurde.

Und dann endlich nähert sie sich: die weltberühmte **Loreley** 7. „Den Schiffer im kleinen Schiffe ergreift es mit wildem Weh. Er schaut nicht die Felsenriffe, er schaut nur hinauf in die Höh", schrieb Heinrich Heine 1823 in seinem Loreley-Lied „Ich weiß nicht, was soll es bedeuten?" über diesen sagenumwobenen Fleck, den man mit der Fähre von **St. Goar** 8 erreicht.

6 *Highlight* am Wegesrand

Burg Pfalzgrafenstein

Mit ihrem lang gestreckten sechseckigen Grundriss mutet die Burg Pfalzgrafenstein wie ein steinernes Schiff inmitten des Rheins an. Sie wurde ab 1327 erbaut. Als Zollstelle war sie eine rentable Einnahmequelle für eine Reihe feudaler Herren. Sie zählte zu sage und schreibe zwölf Zollstellen, an denen die Schiffe zwischen Köln und Mainz Zoll entrichten mussten. Im Gegensatz zu den meisten anderen Burgen und Schlössern im Oberen Mittelrheintal, wurde die Burg Pfalzgrafenstein im Laufe ihrer Geschichte nie durch einen Krieg beschädigt und stammt in ihrer heutigen Form zum Großteil noch aus dem 14. Jahrhundert. Eine Ausstellung gibt Eindrücke über das Leben in der Burg preis.

Die Loreley Mythos und Wirklichkeit

An der Engstelle des Rheins vor St. Goarshausen ragt am östlichen Ufer der markante Schieferfelsen 132 m beinahe senkrecht empor. Die gefährliche Strömung sowie die Riffe zu Füßen des Loreleyfelsens brachten immer wieder Schiffe zum Kentern. Die Geschichte rund um die wunderschöne, unglücklich verliebte Jungfrau, die an dieser Stelle mit ihrer verführerischen Gesangskunst die Schiffer in die gefährliche Strömung lockte, sodass deren Schiffe reihenweise an den Felsenriffen zerschellten, geht ursprünglich auf Clemens Brentano zurück, der in einer 1801 veröffentlichten Ballade erstmals von „Lore Lay" erzählte. Brentanos Ballade rund um Schönheit, Verführung und Tod inspirierte viele Dichter und Komponisten, den Mythos rund um die schöne Frau aufzunehmen und weiterzuspinnen, darunter Heinrich Heine, der Urheber des weltbekannten Liedtextes für das Loreleylied, das (mit der melancholischen Melodie

Loreleyfelsen

von Friedrich Silcher) auf allen Ausflugsschiffen, die diesen Sehnsuchtsort der Rheinromantik passieren, ertönt. Die Bronzefigur der schönen Frauengestalt auf einer Landzunge zählt wohl zu den meist fotografierten Motiven des Mittelrheins.

Schöner noch ist der Ausblick hoch über dem Rhein vom Loreleyfelsen aus, den man über 402 Stufen besteigen kann. Von dort bietet sich ein Blick auf das UNESCO-Welterbetal mit St. Goarshausen mit der Burg Katz. Das Besucherzentrum auf dem Loreley-Plateau widmet sich in seiner Ausstellung dem Mythos Loreley und dem Mittelrheintal.

Highlights am Wegesrand 8

Die Schwesterstädte

St. Goar und St. Goarshausen

Die beiden liegen einander am Rhein direkt gegenüber: **St. Goar** auf der linken, St. Goarshausen auf der rechten Seite des Rheins. Eine Fähre verbindet die Schwesterstädte. St. Goar bezeichnet sich selbst als kleinste Weltstadt am Mittelrhein. Dank der Nähe zur Loreley ist die Stadt, die im Laufe der Geschichte mal französisch, mal deutsch war, gut besucht. Auf einem Bergrücken thront die Burg Rheinfels, Mitte des 13. Jahrhunderts erbaut, eine der größten Festungsanlagen Europas, die selbst Angriffen während des Dreißigjährigen Krieges und des Pfälzischen Erbfolgekrieges standhielt. Während den Napoleonischen Kriegen wurde ein Teil der Burg gesprengt und die Burg verfiel zusehends. Die Ruine ist aber auch heute noch imposant. Im Bereich der Vorburg befindet sich mittlerweile ein Hotel.

Auf der anderen Uferseite liegt die Loreleystadt

Burg Katz, St. Goarshausen

St. Goarshausen. Durch seine exklusive Lage in der Nähe des wohl berühmtesten Wahrzeichens des Mittelrheins erhält der Ort mit der kleinen historischen Altstadt regen Besucherzustrom. Die als Burg Neu-Katzenelnbogen 1371 von den Grafen von Katzenelnbogen errichtete imposante Burg oberhalb von St. Goarshausen wurde von den französischen Truppen 1806 gesprengt. Im Volksmund wurde die Anlage kurz **Burg Katz** genannt. Auch die Ende des 19. Jahrhunderts zu einem prächtigen Wohnsitz wieder aufgebaute Burg, die sich in Privatbesitz befindet, behielt diesen Namen. Errichtet worden war sie als Schutz der Zollstelle von St. Goar und als Gegengewicht zur nahegelegenen **Burg Maus**. Diese stand bereits früher. Mit dem Bau der Burg mit dem ursprünglichen Namen „Peterseck" wurde zwischen 1353 und 1357 begonnen. Sie sollte eigentlich als Gegenanlage zur linksrheinischen Festung Rheinfels der Herren von Katzenelnbogen dienen. Nachdem der Volksmund die Burg „Katz" geschaffen hatte, wurde „Peterseck" spöttisch zur Burg Maus ernannt. Die Zwistigkeiten der Burgherren ließen mit Sicherheit an Katz und Maus erinnern. Tatsächlich gehörte Burg Maus aber zu den technisch fortschrittlichsten Anlagen ihrer Zeit. Ab dem 17. Jahrhundert fiel sie in einen Dornröschenschlaf, heute ist sie Privatbesitz.

Essen, Trinken & Durchatmen

Ein kulinarischer Abzweig

Seit über 250 Jahren pflegt die Familie Lanius-Knab den Weinanbau in den Steillagen von Oberwesel. Die prämierten Spitzenweine von Riesling bis Spätburgunder vom **Weingut Lanius-Knab** können in der Straußwirtschaft mit Gutsausschank verkostet werden. Die fachkundige Beratung ist inklusive. Dazu werden im mediterranen Winzerhof mit alten Oleanderbäumen regionale Spezialitäten gereicht.

Weingut Lanius-Knab
Straußwirtschaft
Mainzer Straße 38
55430 Oberwesel
Tel. +49 6744 8104
www.lanius-knab.de

Wer bei einem feinen Glas Wein oder alternativ bei Kaffee und Kuchen den direkten Blick auf die Loreley genießen möchte, der sollte in der **Vinothek und Weincafé Loreley** Halt machen. Sie gehört zum Weingut Philippsmühle. Die zwei Jungwinzer bauen im Steilhang vorwiegend Trauben für Riesling, aber auch Müller-Thurgau, Weiß- und Spätburgunder sowie Roten Riesling an. Die Weine können auf der Terrasse in exklusiver, doch ruhiger Lage genossen werden.

Vinothek und Weincafé Loreley
An der Loreley 1A
56329 St. Goar
Tel. +49 6741 1606
www.philipps-muehle.de

In Schleifen

Bopparder Hamm

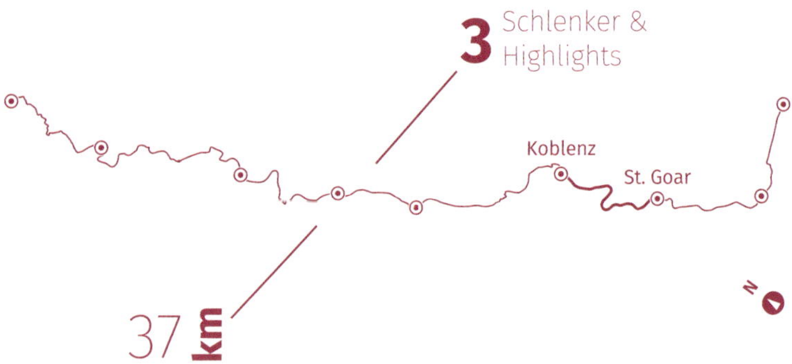

Streckenprofil

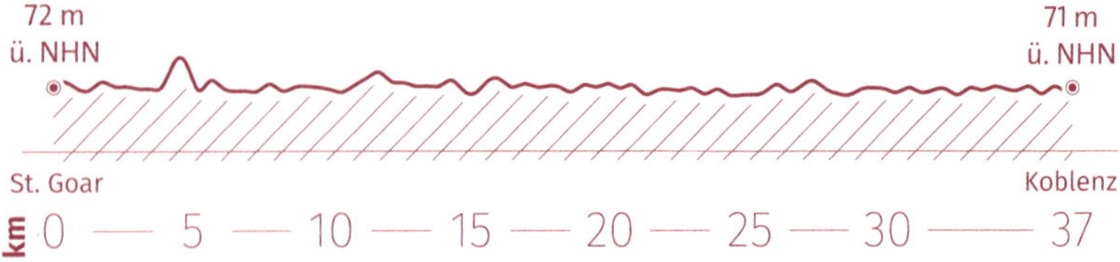

zur Moselmündung

Mit dem Stadthafen und Burg Rheinfels verabschiedet sich St. Goar. Auch wenn der Radweg ebenso auf der rechten Uferseite und damit direkt an der Marksburg weiterführen würde, empfiehlt sich die linke Seite schlicht als einfacher zu befahren. Auf der Höhe von Fellen zeigt sich die Burg Maus auf der anderen Rheinseite oberhalb von Wellmich. In der Mitte des Stromes breitet sich die unbewohnte Insel Ehrentaler Werth aus, ehe es nach Hirzenach geht. Die nächste Ortschaft auf dem Weg nach Norden ist Bad Salzig, demgegenüber die Burgen Sterrenberg und Liebenstein angesiedelt sind. Wenig später taucht am östlichen Ufer die einstige Flößer- und Schiffergemeinde Kamp-Bornhofen auf.

Auf dem linken Rheinradweg ist **Boppard** das nächste Zwischenziel, das schon zur Römerzeit besiedelt war. Spuren aus dieser Epoche sind noch in Form der Reste des einstigen Römerkastells erhalten. Das Museum Boppard in der Kurfürstlichen Burg bildet die Stadthistorie ab. Ein weiterer Schwerpunkt ist die Thonet-Ausstellung. Der Kunst- und Bautischler Michael Thonet, der 1796 in Boppard geboren wurde, sollte mit seinen zierlichen und eleganten Stühlen später, nachdem er auf Anregung des österreichischen Staatskanzlers Fürst Clemens von Metternich nach Wien gezogen war und dort ein Unternehmen gründete, im Sog der Kaffeehauskultur des 19. Jahrhunderts weltweite Bekanntheit erlangen. Ihm und seinen einmaligen Bugmöbeln ist ein Teil des Museums gewidmet.

Es geht motiviert weiter, am Radweg direkt dem Rhein entlang. Nun folgt, auf der Karte besonders markant sichtbar, eine gewaltige Kurve – die **Rheinschleife** 9 bei Boppard. Die steilen Hänge auf der linken Rheinseite werden von der Sonne verwöhnt.

Rheinschleife bei Boppard

Von der Anhöhe aus hat der Anblick der Rheinschleife bei Boppard, die größte des Rheins, etwas Magisches. Die 915 m von Boppard-Mühltal können bequem mit der Sesselbahn zurückgelegt werden. Auf dem Gipfel des Bergrückens bietet sich nach kurzem Fußmarsch ein grandioser Ausblick auf die Rheinschleife und die Weinberge des Bopparder Hamm. Wenig weiter bietet der „Vierseenblick" eine optische Illusion, da hier Berge den Blick auf den Rhein verdecken und den Eindruck erwecken, man würde anstatt auf einen Fluss auf vier getrennte Seen hinabsehen.

Sonnenaufgang am Steinberg bei Kloster Eberbach, Rheingau

Wissenswertes im Gepäck

Weinanbau entlang des Rheins

Der Weinanbau entlang des Rheins hat lange Tradition. Mit den Römern wurde der Weinanbau an den Fluss gebracht, an dem sich das Klima als günstig erwies. Im Mittelalter wurden die Rebstöcke oftmals von Klöstern angebaut. Die Weinfässer wurden dann über den Rhein transportiert, wobei unzählige Zollstationen durchlaufen werden mussten.

Entlang des Rheins zwischen Mainz und Duisburg befinden sich heute die Weinbaugebiete Rheinhessen, Rheingau, Nahe und Mittelrhein, deren Klima wie auch Bodenverhältnisse stark variieren.

Das Weinanbaugebiet Rheinhessen erstreckt sich südwestlich des Rheins zwischen Bingen und Mainz, reicht bis nach Worms und gilt mit seinen über 26.000 ha Rebflächen als das größte deutsche Weinanbaugebiet. Die bedeutendsten Rebsorten sind der Riesling sowie der Müller-Thurgau.

Jenseits des Stroms befindet sich der Rheingau. Im Schutze des Taunus gedeihen hier v. a. Weißweine wie der Rheingauer Riesling. Die Region zählt zu den qualitativ besten Weinbaugebieten des Landes.

Im Westen schließt an Rheinhessen bei Bingen das Weinbaugebiet Nahe an.

Von Bingen bis südlich von Bonn zieht sich dann das zweitkleinste Weinbaugebiet Deutschlands. Die typischen steil terrassierten Weinhänge am Mittelrhein sind von den Winzern sehr aufwändig zu bewirtschaften, dafür ist die klimatische Gunst groß. Hauptrebsorte ist der Riesling.

Hier gedeiht der **Wein** vorzüglich. Der Bopparder Hamm stellt das größte zusammenhängende Weinbaugebiet am Mittelrhein dar. Der Anbau auf den Steilhängen verlangt den Winzern jedoch einiges ab. Bei Neigungen von bis zu 80 % müssen Rebschnitt, Laubarbeit und Weinlese in Handarbeit geleistet werden. Hier werden vorwiegend Riesling, Rivaner und Spätburgunder erzeugt.

Nun aber die Rheinschleife weiter! Während links die Hänge steil nach oben ansteigen, zeigt sich die rechte Rheinuferseite, auf der die kleinen Weinorte Filsen und Osterspai liegen, eher flach. Bei Spay zieht der Rhein abermals einen großen Bogen. Dem Campingplatz von Brey gegenüber auf der anderen Flussseite liegt die kleine Stadt Braubach, umgeben von Reben und Rosen. Hoch über der Alt-

Herbstliche Weinreben am Binger Rochusberg im Weinbaugebiet Rheinhessen

Die Marksburg – das Original

Am Mittelrhein könnte man das Gefühl bekommen, hinter jeder Ecke wartet eine Burg, die eine lange Geschichte zu erzählen hat. Die meisten der Burgen jedoch wurden durch Kriege (v. a. während des Dreißigjährigen Krieges und im Pfälzischen Erbfolgekrieg) oder aufgrund von Verfall zerstört und im 19. oder 20. Jahrhundert wieder aufgebaut. Die Marksburg bildet (gemeinsam mit Pfalzgrafenstein) eine Ausnahme. Sie ist die einzige nie zerstörte Höhenburg des Mittelrheintals, was wohl ihrer besonders exponierten Lage auf dem Felsen hoch über Braubach zu verdanken ist. Die heute noch erhaltenen Bauten stammen vorwiegend aus der Zeit zwischen 13. und 15. Jahrhundert. Bergfried, mehrere Gebäude, Zwinger und Bastionen sind echte Zeugen der Geschichte. Wesentlich geprägt wurde die Burg durch die Grafen von Katzenelnbogen. Historisch interessant ist der Besuch der Räumlichkeiten wie Rittersaal, Burgküche, Rüstkammer, Weinkeller, Wehrgänge, Turmstuben, Kapelle und

Marksburg

Lohnenswerter Schlenker **10**

Kemenate (beheizbare Wohnräume).

In den 1990ern wollten Japaner die Ritterburg kaufen, abtragen und in Japan wieder aufbauen lassen. Die Burgenvereinigung als Eigentümer lehnte das Angebot ab. So wurde 1996 auf den japanischen Miyako-Inseln die Marksburg originalgetreu nachgebaut.

stadt liegt die einzige Höhenburg des Mittelrheins, die nie zerstört wurde: die **Marksburg** **10**. Aufgrund dieses Faktums gehört das mittelalterliche Baudenkmal zu den ganz besonderen Kulturschätzen am Mittelrhein. Allerdings gibt es an dieser Stelle keine direkte Fähranbindung oder naheliegende Brücke über den Fluss. Einen Schlenker zur Marksburg muss man daher rechtzeitig einplanen und in Boppard bereits auf die Fähre steigen. Nach Besichtigung der Marksburg gelangt man erst über den Rad- und Fußweg der Horchheimer Eisenbahnbrücke zurück auf die linke Rheinseite.

Am westlichen Rheinufer durchfährt man nun aber Brey, auf halbem Weg zwischen Boppard und Koblenz folgt

Königsstuhl Rhens

das historische Städtchen **Rhens**, das durch das Stadttor mit den Hochwassermarken betreten werden kann. Im Mittelalter kamen die Kurfürsten in Rhens zu Verhandlungen zusammen und auch die Wahl der deutschen Könige ging in diesem Städtchen über die Bühne. Kaiser Karl IV. ließ dafür den Königsstuhl errichten, einen zweistöckigen Bau mit achteckigem Grundriss. Ruprecht von der Pfalz war 1400 der erste König, der hier auf den Königsstuhl gewählt wurde. Nach der Zerstörung in den Napoleonischen Kriegen wurde der Königsstuhl 1842 wieder aufgebaut und 1929 von seinem ursprünglichen Standort am Nussbaumgarten am Rhein auf die Rheinhöhe Schawall versetzt. Der Rheinradweg führt am Scharfen Turm, der einst als Späh- und Zollturm diente und Teil der Rhenser Stadtmauer war, vorbei. Während rechts des Rheins Lahnstein liegt, thront oberhalb auf linker Seite nun Schloss Stolzenfels, das der preußische Kronprinz Friedrich Wilhelm ab 1836 erbauen ließ. Nicht mehr weit und **Koblenz** (11) lässt grüßen.

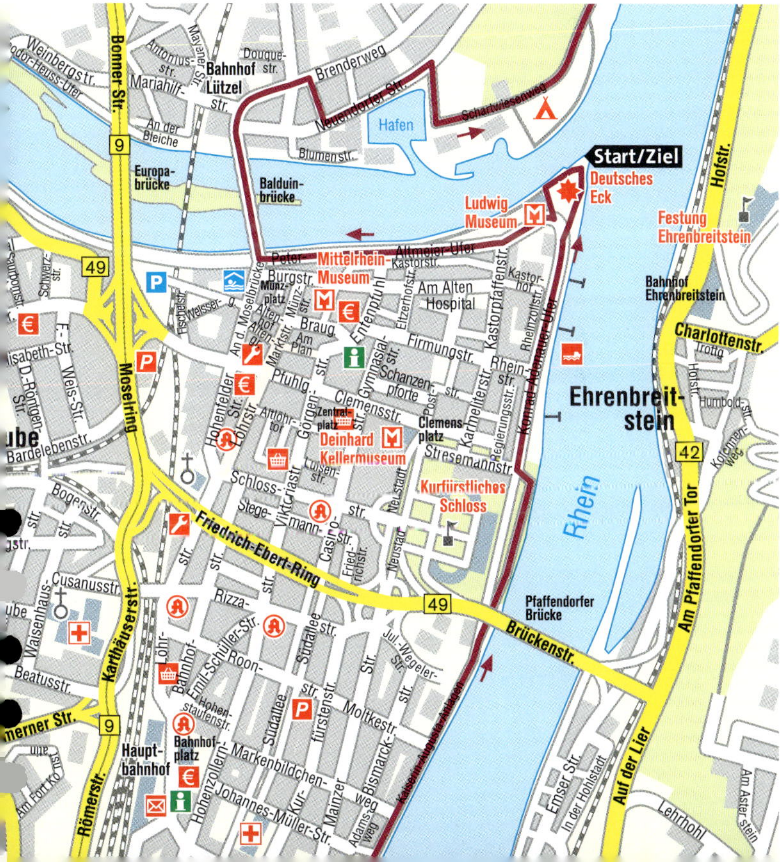

Highlight am Wegesrand 11

Koblenz

Wo sich Mosel und Rhein treffen

Koblenz liegt an der Mündung der Mosel in den Rhein und verdankt diesem Zusammenfluss („Castellum apud Confluentes“, dem Kastell bei den Zusammenfließenden) seinen Namen. Hier im Mündungsbereich siedelte sich 1216 der Deutsche Orden an, weshalb der geschichtsträchtige Ort den Namen **Deutsches Eck** erhielt. Kaiser Wilhelm II. ließ an dieser Stelle zu Ehren seines Großvaters Kaiser Wilhelm I. das berühmte Reiterstandbild erbauen, das jedoch im Zweiten Weltkrieg zerstört und erst 1993 rekonstruiert wurde.

Zum Pflichtprogramm bei einem Aufenthalt in Koblenz gehört die Fahrt mit der Seilbahn über den Rhein auf die **Festung Ehrenbreitstein**. Sie gilt als zweitgrößte erhaltene Festung Europas und geht ursprünglich zurück auf das Jahr 1000. Das bis in die Gegenwart erhaltene System von preußischen Festungswerken stammt aus der Zeit von 1817 bis 1828. Das heute hier untergebrachte Kulturzentrum zeigt in vier Häusern Ausstellungen zu Fotografie, Archäologie, Weinbau sowie die Wirtschafts- und Kulturgeschichte.

Direkt am Rhein liegt das **Kurfürstliche Schloss,** das 1777 bis 1793 im Stil des französischen Frühklassizismus erbaut wur-

Kurfürstliches Schloss

Festung Ehrenbreitstein

de. Nach der vollständigen Zerstörung 1944 wurde der Haupttrakt 1950/51 äußerlich identisch wieder aufgebaut. Anlässlich der Bundesgartenschau 2011 wurde auch der öffentliche Schlossgarten rekonstruiert.

Eine Schifffahrt der anderen Art lässt sich in der Erlebnisausstellung **Romanticum Koblenz** unternehmen. Dabei schippert man virtuell durch das UNESCO-Welterbe „Oberes Mittelrheintal" von einer interaktiven Station zur nächsten und erfährt Spannendes über die Landschaft, die Sehenswürdigkeiten, berühmte Persönlichkeiten der Region und hört Mythen und Sagen aus diesem Flussabschnitt. Untergebracht ist das Romanticum im Forum Confluentes, einem modernen Gebäude, das sich Kunst, Kultur und Bildung verschrieben hat.

Essen, Trinken & Durchatmen

Ein kulinarischer Abzweig

Das Ambiente in der einstigen Öl- und Getreidemühle ist besonders. Das Fachwerkhaus stammt aus dem Jahr 1762, die Mühlsteine erinnern noch an die ursprüngliche Funktion von **Fondels Mühle**, dessen letzter Müller, Peter Fondel, der Großvater des heutigen Besitzers war. In Fondels Mühle trifft Regionalgeschichte auf die Kulinarik des mediterranen Südens, zubereitet mit regionalen Zutaten.

Fondels Mühle
Mühltal 8
56154 Boppard
Tel. +49 6742 5775
www.fondelsmuehle.de

Eine Speisekarte werden Sie in der nicht finden. Hierher kommt man, um das beste knusprige Brathähnchen weit und breit zu essen. Dafür ist das Gasthaus nämlich bekannt. Ansonsten stehen auf der imaginären Karte Gulaschsuppe, Wurstplatte oder belegte Brote. Aber eigentlich sollte man doch das Brathähnchen bestellen ... Dazu gibt es Wein aus Eigenanbau.

Rathausschenke Rhens
Hochstraße 12
56321 Rhens
Tel. +49 2628 2710
www.rathausschenke.eu

Historische Erkundungen

Blick von der Festung Ehrenbreitstein auf das Deutsche Eck in Koblenz

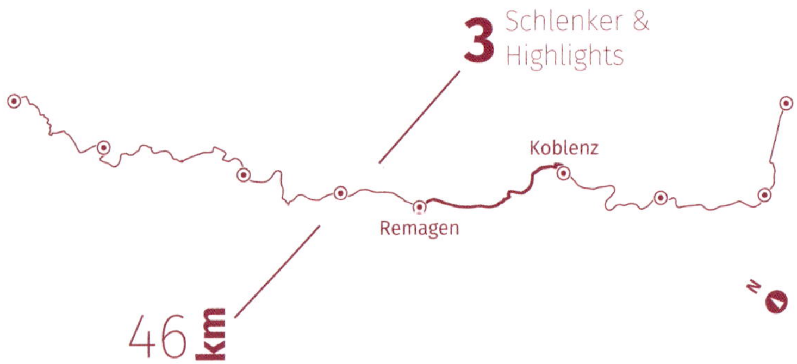

Streckenprofil

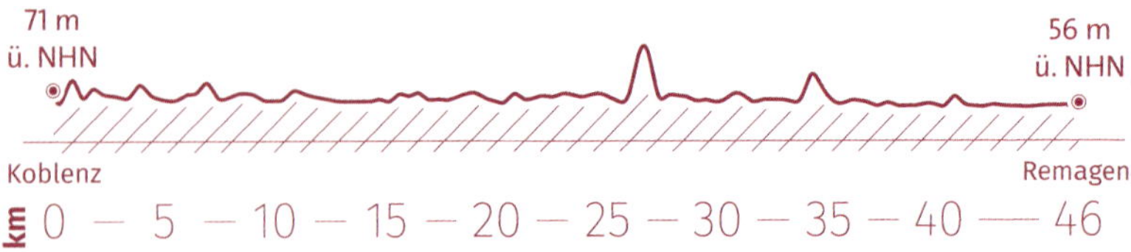

Mit Koblenz ändert sich der Charakter der Strecke. Die enge, steilwandige Flusslandschaft lässt man hinter sich, damit auch das UNESCO-Welterbe. Auch wird der folgende Flussabschnitt, nach dieser Fülle an Sehenswürdigkeiten, wieder etwas beschaulicher. Man kommt nun wohl auch rascher voran, da man nicht mehr hinter jeder Ecke anhält, um die nächste Burg zu bestaunen und zu fotografieren. Auch in diesem Kapitel ist die linksrheinische Variante des Rheinradwegs die erste Wahl, da sie sicherer zu fahren ist, während die rechtsrheinische Variante immer wieder über verkehrsbelastete Straßenabschnitte verläuft.

Der Rheinradweg führt in Koblenz direkt über die Landzunge an der Mündung der Mosel in den Rhein und nach Brückenüberfahrt wieder Richtung Rheinufer. Drei Kilometer nördlich von Koblenz liegen die Inseln Niederwerth und Graswerth im Rhein. Niederwerth ist bewohnt, zählt rund 1350 Einwohner und die einzige Flussinselgemeinde Deutschlands. Graswerth gehört zwar ebenfalls zum Gemeindegebiet, steht jedoch unter Naturschutz, da hier v. a. viele seltene Vogelarten leben. Erst seit 1958 ist Niederwerth mit einer Brücke von Vallendar am rechten Rheinufer auf dem Landweg erreichbar.

Am nördlichen Ende der Insel Graswerth führt die Bendorfer Brücke über den Rhein. Als Autobahnbrücke konzipiert, kann man auf einem separaten Fuß- und Radweg den Strom überqueren, um einen Schlenker in den **Kulturpark Sayn** **12** zu unternehmen. Hier bieten das Sayner Märchenschloss und der Schlosspark mit dem Garten der Schmetterlinge schöne Erlebnisse und die Sayner Hütte als Industriedenkmal von Weltrang interessante Erkenntnisse.

Kulturpark Sayn

Industrie trifft Kultur und Natur

Als eines von 15 Meisterwerken zwischen Rhein und Mosel wurde der Kulturpark Sayn, der anlässlich der BUGA 2011 in Koblenz ins Leben gerufen wurde, gekürt. Hier treffen Zeitzeugen aus 2000 Jahren Hochkultur aufeinander, die, so scheint es, krasse Gegensätze bilden.

Die mit der historischen Gießhalle von 1830 ist ein architektonisches Meisterwerk. Die tragende Gusseisenkonstruktion gilt als Prototyp der industriellen Ingenieursbaukunst. Mithilfe von Licht- und Toninszenierungen wird die Arbeit am Hochofen in der Gießhalle nachempfunden. Die Dauerausstellung vermittelt Interessantes zur über 100-jährigen Erzeugung

Sayner Hütte

von Gebrauchseisen und Kunstguss auf der Sayner Hütte.

Fürsten, Schloss und Schmetterlinge erwartet Besucher auf . Am Fuße der 800 Jahre alten Stammburg der Fürsten Sayn-Wittgenstein, von der nur Reste die Jahrhunderte überdauert haben, liegt das neugotische Schloss der Fürsten Sayn-Wittgenstein-Sayn. Fürst Alexander und Fürstin Gabriela zu Sayn-Wittgenstein gewähren hier im private Einblicke in das Leben ihrer Adelsfamilie.

Umgeben wird das Schloss vom romantischen Schlosspark, der als englischer Landschaftspark angelegt ist. Inmitten dieses Parks wiederum ist der 1987 von Fürstin Gabriela initiierte die Hauptattraktion. In den zwei Glaspavillons herrscht tropisches

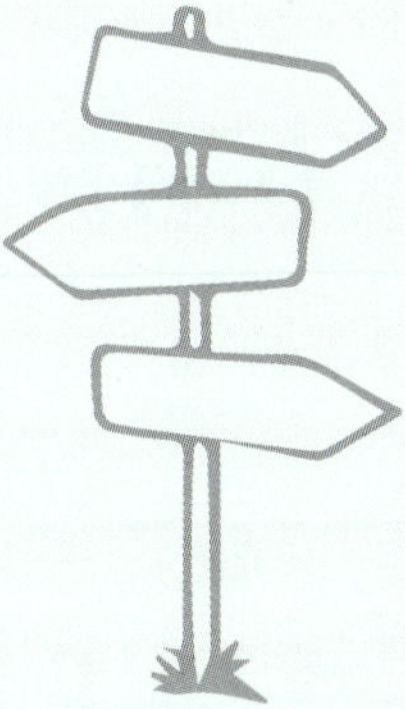

Klima und zwischen Bananenstaudenund Hibiskus, Wasserfällen und Palmen flattern exotische Schmetterlinge in unendlicher Farbenpracht umher. Sie kommen aus Südamerika, Afrika oder Asien. Im Raupenhaus kann man die Metamorphose der Raupen zu Schmetterlingen eindrücklich nachvollziehen.

Teil des Kulturparks Sayn ist außerdem , die als einzige von 20 Mühlen am Brexbach heute noch erhalten und voll funktionsfähig ist. Mehl wird hier nicht mehr gemahlen, dafür kann man sonn- und feiertags das Museum besichtigen.

Links des Rheins liegt Sankt Sebastian als nächste Ortschaft auf dem Weg. Dann geht es durch Kaltengers. Landwirtschaftliche Nutzung prägt nun das Landschaftsbild. Hinter der Eisenbahnbrücke folgt Urmitz und über Weißenthurm, von wo aus man, wenn

13 ***Highlight*** am Wegesrand

Geysir

Fontäne im Takt

Rund alle zwei Stunden schleudert der Geysir in Andernach eine 60 m hohe Wasserfontäne aus dem Boden in die Höhe. Das Naturspektakel hat ursprünglich einen menschlichen Eingriff als Auslöser. Im Jahr 1903 wurde an einer Stelle, an der im Rheinwasser kleine Blasen ausgetreten waren, nach Kohlendioxid gebohrt, das magmatischen Ursprungs ist und der Produktion von Mineralwasser dienen sollte. Der Namedyrer Sprudel schoss aus dem 343 m tiefen Bohrloch bis zu 40 m empor und wurde bald auch touristischer Attraktionspunkt. Aufgrund massiver Schäden musste 1957 die Anlage geschlossen werden. Insbesondere die Naturschutzauflagen für das Gebiet standen in Konflikt mit der Nutzung. Ein neuer 350 m tiefer Brunnen wurde 2001 unter strengen Auflagen gebohrt, aus dem dann das Wasser ähnlich einer geschüttelten und dann geöffneten Mineralwasserflasche durch Druck emporschießt. Acht Minuten dauert das Spektakel. Dann wird es wieder ruhig, bis die Eruption nach zwei Stunden von Neuem ihren Lauf nimmt. Die Besichtigung des Geysirs beginnt im Geysir-Zentrum, das die Besucher imaginär in 4000 m Tiefe bringt und wissenswerte Fakten über den Vulkanismus in der Eifel und die Funktionsweise des Kaltwasser-Geysirs vermittelt. Nach dem Rundgang gelangt man mit dem Schiff zum Namedyer Werth, wo der Geysir eruptiert. Die Besichtigung des Geysirs ist Ende März bis Ende Oktober möglich.

Kaltwassergeysir Andernach

man möchte, über die Rheinbrücke Neuwied erreicht. Hier lädt das Deutsche Flippermuseum zu einer Nostalgiereise, vereint es doch 150 Flipperautomaten von den Anfängen in den 1930er-Jahren bis heute – und, sie sind beinahe alle noch bespielbar.

Am linken Rheinufer verläuft der Weg nach **Andernach**, zwischenzeitlich durch Gewerbezone. Der Radweg knickt nach rechts ab, wer die Altstadt besichtigen möchte, hält sich geradeaus. Andernach ist eine der ältesten deutschen Städte, 1988 wurde das 2000-Jahr-Jubiläum begangen. Unter dem Motto „Essbare Stadt" werden Gemüse und Obst sowie Kräuter in den öffentlichen Grünanlagen gepflanzt, die ausdrücklich gepflückt und verspeist werden dürfen. Ein besonders spektakuläres Naturschauspiel bietet sich im Andernacher Stadtteil Namedy. Hier spuckt der höchste **Kaltwassergeysir** 13 der Welt regelmäßig Wasser aus der Tiefe.

Auf der Weiterfahrt radelt man an der Burg Namedy vorbei, eine zu einem Schloss ausgebaute Wasserburg, die sich im Privateigentum der Familie Hohenzollern befindet. Die nächste Zwischenstation ist Brohl. Auf dem gegenüberliegenden Ufer, in Rheinbrohl, beginnt der **Obergermanisch-Rätische Limes**, die einstige Außengrenze des Römischen Reiches zwischen Rhein und Donau.

Der Obergermanisch-Rätische Limes

„Caput limitis“, den Kopf des Limes nannten die Römer den Wachturm Nr. 1 des Obergermanisch-Rätischen Limes, der von Rheinbrohl über 550 km lang bis zum Kastell Eining zur Donau führte und die Außengrenze des Römischen Reiches markieren sollte. Primär stand dabei nicht die militärische Funktion im Vordergrund. Vielmehr diente der Limes der Überprüfung des Grenzverkehrs sowie zur Erhebung von Zöllen. Der Obergermanisch-Rätische Limes orientierte sich dabei jedoch nicht an natürlichen Grenzen wie

Flüssen oder Gebirgszügen. Die zwischen 100 n. Chr. und dem Ende des 2. Jahrhunderts n. Chr. erbaute Grenzbefestigung aus Kastellen, Wachtürmen, Mauern und Palisaden, ist heute in Form von Relikten, Rekonstruktionen, Ausgrabungen und Nachbauten nachvollziehbar. Seit 2005 gehört der Limes zu den UNESCO-Welterbestätten.

Direkt in Rheinbrohl, über die Fähre ab Bad Breisig erreichbar, gewährt die **RömerWelt** am Caput Limitis Einblicke in das Leben der Soldaten und der Zivilbevölkerung am Limes. In der interaktiven Ausstellung und an den Außenstationen wie dem Handwerkshaus kann und soll ausprobiert und mitgemacht werden.

Ausstellung RömerWelt

Wer eine Auszeit von den Pedalen benötigt und zwischendurch nach Entspannung sucht, der sollte in der Kurstadt **Bad Breisig** anhalten. Seit 1917 sprudelt hier das Heilwasser, 1960 wurde Bad Breisig offiziell als Heilbad anerkannt. Das Wasser in den Römer-Thermen stammt aus einer Tiefe von 600 m.

Von Bad Breisig nach Remagen weitet sich das Rheintal wieder. In der fruchtbaren Ebene links des Rheins werden Wein, Obst und Gemüse angebaut, was ihr den Beinamen „Goldene Meile" eingebracht hat.

Bei Sinzig führt eine Brücke über die Ahr, die in der Eifel entsprungen, hier in den Rhein mündet. Am 14. Juli 2021 wurde das Ahrtal infolge heftiger Regenfälle von einem schweren Hochwasser getroffen. Große Teile der Orte und Städte wurden überschwemmt und zerstört. Auch zahlreiche andere Nebenflüsse des Rheins traten über die Ufer, unzählige historische Höchststände wurden übertroffen. Auch der Rhein war in weiterer Folge von den Wassermassen durch das Unwetter, das durch das Tiefdruckgebiet Bernd ausgelöst wurde, betroffen. Schwankende Wasserstände und **Hochwasserereignisse** sind jedoch allgegenwärtiger Teil der natürlichen Dynamik des Rheins.

In Kripp verbindet eine Fähre die beiden Rheinufer, sodass man das sehenswerte **Linz am Rhein** erreichen kann. Die als Denkmal ausgezeichnete Altstadt wird von farbenfrohen Fachwerkhäusern geprägt, die der Stadt den Beinamen „Die Bunte Stadt am Rhein" eingebracht haben. Ein Rundgang sollte auf jeden Fall am Marktplatz, an dem sich besonders viele dieser bunten Bauten tummeln, dem Burgplatz mit der Burg Linz, der Zoll- und Zwingburg der Kölner Erzbischöfe von 1365 und dem wichtigen Rheintor mit angeschlossenem Zollhaus vorbeiführen. Am besten, man lässt sich von den verträumten Gassen und Winkeln leiten.

Mit Kripp hat man **Remagen** 14 bereits erreicht. Die Stadt bildet das Ende der fruchtbaren Talebene (Goldene Meile), die bis nach Bad Breisig reicht. Die beiden Brückenköpfe der im Krieg zerstörten Remagener Brücke, sind immer noch vom Feuer geschwärzt und stehen wie ein Mahnmal in der Landschaft.

Hochwassermarken am Rhein

Hochwasser am Rhein

Der Pegelstand des Rheins weist deutliche Schwankungen auf, die von Niederschlägen, der Wasseraufnahme und der Gletscher- und Schneeschmelze geprägt werden. Hoch- und Niedrigwasser sind Teil der natürlichen Fluktuation des Flusses. Zu einer Katastrophe werden die Hochwasserereignisse dann, wenn Menschen und ihre Nutzungen dabei zu Schaden kommen. Besonders problematisch zeigt sich dabei, dass insbesondere im Rheineinzugsgebiet der Wasserrückhalt durch den Menschen massiv eingeschränkt wurde und durch Begradigungen 85 % der ursprünglichen Überschwemmungsflächen zunichte gemacht wurden. Großflächige Überschwemmungen entlang des Rheins sind also heutzutage im Wesentlichen auch Mitschuld dieser Eingriffe. Seit 1995 kooperieren die Rheinanlieger, um Hochwasservorsorge und -schutz zu verbessern. Das Hochwasserereignis 2021 war einmal mehr ein Weckruf der Natur, die Anstrengungen in der Renaturierung von Flüssen und der Reaktivierung von Überschwemmungsgebieten sowie im Klimaschutz zu intensivieren.

Doch auch Niedrigwasserereignisse wie 2018 haben massive ökologische Konsequenzen, beeinträchtigen die wichtige Stromproduktion der Wasserkraftwerke und die Schifffahrt.

14 *Highlight* am Wegesrand

Remagen

Als „Wunder von Remagen“ erlangte die **Brücke von Remagen** Berühmtheit. Denn die Aliierten konnten die Eisenbahnbrücke am 7. März 1945 völlig unerwartet einnehmen, denn die Sprengversuche der deutschen Truppen schlugen fehl. General Eisenhower soll diese Tatsache mit „Die Brücke ist ihr Gewicht in Gold wert“ kommentiert haben. Erst zehn Tage später stürzte die beschädigte Brücke ein. Die beiden Brückentürme an den Ufern stehen noch, linksrheinisch ist

Appolinariskirche Remagen

das **Friedensmuseum** „Brücke von Remagen“ untergebracht. Das Museum widmet sich dem Bau, der Eroberung und den schweren Kämpfen am Brückenkopf. Die Ausstellung „Brücken bauen – Botschaften für den Frieden“ beleuchtet Kriege nach dem Zweiten Weltkrieg. Damit soll die Brücke von Remagen heute ein Monument für Frieden und Freiheit sein.

Beachtenswert ist außerdem die **Appolinariskirche**, die auf einer Anhöhe über der Stadt umgeben von Klostergebäuden und einem schönen Garten liegt. Die Wallfahrtskirche wurde von 1839 bis 1843 im neugotischen Stil anstelle der baufälligen Vorgängerkirche St. Martin erbaut. In ihrem Inneren beeindruckt die Kirche mit Wandmalereien, vorwiegend in Fresko-Technik. Sämtliche Elemente wie Beichtstuhl, Kanzel, Hauptportal oder Hochaltar wurden aufeinander abgestimmt.

Ursprünglich geht Remagen auf das römische Kastell Rigomagus zurück, dessen Gründung bis dato jedoch nicht abschließend geklärt werden konnte. Das **Römermuseum** zeigt Relikte der Römerzeit, die v. a. im 19. Jahrhundert entdeckt wurden. Zu sehen sind Gräber und diverse Fundstücke. Der Alltag der Soldaten in der römischen Kaserne kann durch Inschriften nachvollzogen werden.

Ein besonderes Highlight von Remagen ist außerdem das Arp Museum Bahnhof Rolandseck, das im folgenden Kapitel vorgestellt wird.

Essen, Trinken & Durchatmen

Ein kulinarischer Abzweig

Die Weinkarte im **Weinhaus Merowinger Hof** bietet eine Auswahl von rund 90 Weinen, die vorrangig aus deutschen Anbaugebieten, aber auch aus anderen Ländern stammen. Fachkundige Beratung hilft bei der Auswahl. Die kulinarischen Genüsse werden entweder in der behaglichen Weinstube im Weinhaus aus dem Jahr 1787, das einst als Wohnhaus erbaut wurde, oder im schönen Innenhof verzehrt.

Weinhaus Merowinger Hof
Hochstraße 30
56626 Andernach
Tel. +49 2632 44848
www.merowingerhof.de

Liebevolle Atmosphäre herrscht im **Kaffeehaus Remagen**. Kaffeespezialitäten, feine Teesorten und dazu hausgebackener Kuchen oder Torte und der Tag ist gerettet. Wer morgens eine Stärkung braucht, bekommt hier ein kräftiges Frühstück in allen möglichen Varianten. Später am Tag genießt man Snacks wie Flammkuchen und zuletzt werden die verführerischen Schokoladentrüffel gekostet.

Kaffeehaus Remagen
Marktstraße 78
53424 Remagen
Tel. +49 2642 9949199
kaffeehaus.eatbu.com

Kunst am Weg

Der Rhein vor dem Drachenfels

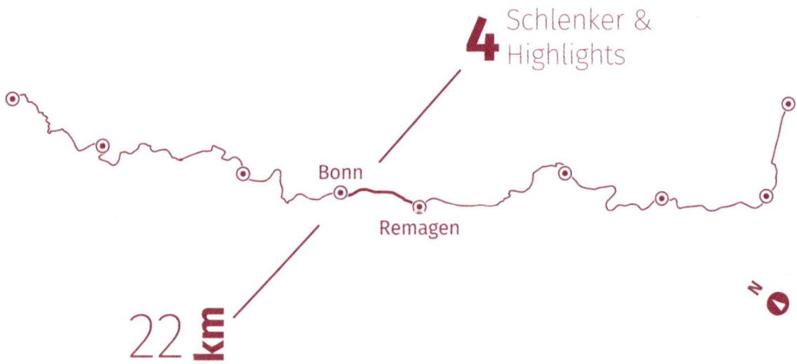

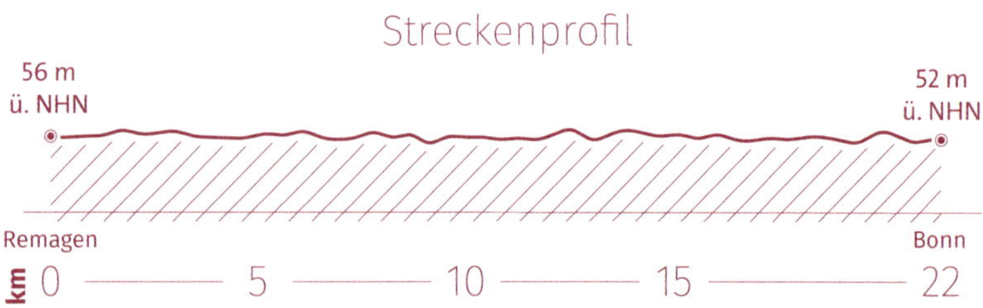

In Richtung Bonn wird der Einfluss der vormaligen Bundeshauptstadt mit der steigenden Dichte an Ämtern und Verwaltungsgebäuden zunehmend deutlich. Das Landschaftsbild wird nun immer flacher, lediglich im Osten ragt das Siebengebirge, das vulkanischen Ursprungs ist, hervor.

Zwischen Eisenbahn und Rhein zieht sich der Rheinradweg weiterhin nordwärts am Westufer entlang. Rund 40 m über dem Fluss liegt Schloss Marienfels, eine Villa im neugotischen Stil, die acht Jahre lang das Zuhause des Entertainers Thomas Gottschalk war. Auf dem gegenüberliegenden Ufer erscheint die Kulturstadt Unkel. Links des Rheins ist Oberwinter die nächste Ortschaft. Oberhalb der Flusslandschaft breitet sich hier auf 350.000 m^2 der **Wald- und Wildpark Rolandseck** aus. In dieser hügeligen, teils schlucht-ähnlichen Landschaft leben Rotwild, Damwild, Mufflons, Wildschweine sowie einige Haustierrassen unter weitestgehend natürlichen Bedingungen. Von den ausgewiesenen Wanderwegen kann man sie gut beobachten. Ferner eröffnet der Wald- und Wildpark einen großartigen Panoramablick auf den Rhein und das Siebengebirge.

Nur wenig weiter trifft man auf einen „Ort der Künste“: Das **Arp Museum Bahnhof Rolandseck** 15 präsentiert hochkarätige Kunstwerke vom Mittelalter bis zur Gegenwart.

Die Weiterfahrt führt nach Rolandswerth. Die Inseln Nonnenwerth und Grafenwerth teilen den Rhein hier in drei Arme. Auf Nonnenwerth befindet sich ein Kloster der Franziskanerinnen, in dem auch eine Privatschule unterhalten wird. Grafenwerth ist ein beliebter Naherholungsraum. Im Sommer bereitet das Freizeitbad Grafenwerth Badespaß.

Highlight *am Wegesrand* **15**

Arp Museum Bahnhof Rolandseck

Die „Rheinische Riviera“ mit ihrer romantischen Landschaft war im 19. Jahrhundert beliebtes Reiseziel für Persönlichkeiten aus Gesellschaft, Politik und Kultur. Der Bahnhof Rolandseck, der 1858 fertiggestellt wurde, entwickelte sich zu einem Treffpunkt der bürgerlichen Gesellschaft. Auch Künstler wie Heinrich Heine, Karl Simrock, die Brüder Jacob und Wilhelm Grimm sowie Friedrich Nietzsche fanden sich hier ein, Johannes Brahms und Clara Schumann gaben im klassizistischen Bahnhofsgebäude Konzerte. Mit dem Zweiten Weltkrieg fiel der Bahnhof Rolandseck in einen Dornröschenschlaf. Im Jahr 1964 erwarb der Bonner Galerist Johannes Wasmuth den maroden Bahnhof, um aus ihm einen Künstlerbahnhof zu machen. Er förderte junge Künstler, die Ausstellungen zur Schau stellen und Konzerte geben konnten.

1977 übergab Marguerite Arp-Hagenbach Wasmuth einen Teil des Nachlasses von Hans Arp und dessen erster Frau Sophie Taeuber-Arp – für die umfangreiche Sammlung erwies sich das Bahnhofsgebäude jedoch bald als zu klein.

1995 wurde schließlich das Arp Museum Bahnhof Rolandseck eröffnet und das historische Bahnhofsgebäude wurde saniert. Auf den Rheinhöhen wurde mit dem 2007 eröffneten modernen Neubau des amerikanischen Architekten Richard Meier weitere Präsentationsfläche geschaffen. Das Gebäudeensemble fügt sich in das Landschaftsbild direkt am Fluss wunderbar ein.

Das mittlerweile bestbesuchte Kunstmuseum von Rheinland-Pfalz zeigt wechselnde Ausstellungen mit renommierten zeitgenössischen Künstlerinnen und Künstlern, bedeutende Skulpturen, Gemälde und Grafiken von Hans Arp und Sophie Taeuber-Arp sowie Meisterwerke aus der Sammlung Rau für UNICEF und Werke nationaler und internationaler Gegenwartskunst. Die Sammlungen werden nicht in einer Dauerausstellung präsentiert, sondern in wechselnden Kontexten und unter Einbezug von Leihgaben zusammengestellt. Entlang des Rheinufers trifft man am Skulpturenufer auf 14 Rheinkilometern von Remagen-Rolandswerth bis Remagen-Kripp Skulpturen bekannter Künstlerinnen und Künstler. Damit breitet sich das renommierte Arp Museum auch in die Landschaft des Rheins hinein aus.

Bewegtes Tanzgeschmeide vor dem Arp Museum Bahnhof Rolandseck

Zugehörig ist Grafenwerth zu **Bad Honnef**. Der mondäne Ort trägt zwar den Titel „Bad" noch in seinem Namen, der Name „Heilbad Honnef" wurde ihm aber 1983 aberkannt. Prächtige Jugendstilbauten zeugen noch von der Zeit, als Bad Honnef ein Kur- und Heilbad war. Besonders attraktiv ist außerdem der Ortsteil Rhöndorf mit seinen schmucken Fachwerkhäusern. Die Rheinfähre ab Rolandseck bietet eine Anbindung dorthin. Auch wer den **Drachenfelsen** und **Schloss Drachenburg** **16** besichtigen möchte, kann entweder hier oder alternativ später auf linksrheinischer Seite mit der Fähre Mehlen–Königswinter übersetzen.

Nun aber wieder zurück nach Rolandswerth, wo die Route der Wahl sich wie bisher auf der westlichen Rheinseite entlangzieht. Auf einer Anhöhe oberhalb von Rolandswerth steht eines der Wahrzeichen der Rheinromantik: der **Rolandsbogen**. Der Fensterbogen ist der verbliebene Rest der seinerzeitigen Burg Rolandseck, die 1122 als Schutzburg für das Frauenkloster auf Nonnenwerth begründet wurde. Kämpfe im Mittelalter zogen große Schäden an der Burg nach sich, die Burg verfiel zur Ruine; 1673 stürzten schließlich die letzten Reste infolge eines Erdbebens der Burg ein. Nur das Bogenfenster, der Rolandsbogen, blieb auf wundersame Weise erhalten. Dass der Bogen 1839, damals ein Wahrzeichen der Rheinromantik, einstürzte, durch die Initiative und den Spendenaufruf des Dichters Ferdinand Freiligrath wieder aufgebaut wurde, tut der Romantik und speziell der überwältigenden Aussicht keinen Abbruch. Seit 2012 wird am Rolandsbogen das Restaurant von Lutter & Wegner betrieben.

Nun gelangt man über die Bundeslandgrenze nach Nordrhein-Westfalen und erreicht mit Mehlem bereits den südlichen Rand von Bonn. Hier verkehrt die Fähre zwischen den Anlegestellen

Drachenfels, Burg Drachenfels und Schloss Drachenburg

Der Drachenfels oberhalb von Königswinter ist der beliebteste Gipfel des Siebengebirges. Kein Wunder, ist er doch bequem mit Deutschlands ältester Zahnradbahn aus dem Jahr 1883 zu erreichen. Nach der aufregenden Fahrt genießt man vom Drachenfelsplateau einen der schönsten Blicke über das Rheinland und das Siebengebirge. Die meisten steigen aber bereits an der Mittelstation erstmals aus, um dem Schloss Drachenburg einen Besuch abzustatten. Sie wurde 1882 bis 1884 im Auftrag von Stephan von Sarter, einem Börsenspekulanten, er-

Schloss Drachenburg

baut. Die remöblierten Gesellschaftssalons und Privatgemächer vermitteln einen Eindruck der Wohnkultur des ausgehenden 19. Jahrhunderts in dieser in einem Landschaftspark eingebetteten Villa, die jedoch Sarter nie bewohnen sollte. Er selbst lebte bis zu seinem Tod 1902 in einer Mietwohnung in Paris.

Auf dem Drachenfelsplateau erhebt sich eine weitere Burganlage: die Burg Drachenfels. Die Ruinenreste gehen zurück auf eine Höhenburg, die 1138 begonnen wurde.

Der Drachenfels wurde übrigens bereits seit der Römerzeit als Steinbruch genutzt. Nach einer zwischenzeitlichen Unterbrechung wurde im Mittelalter der Drachenfels-Trachyt erneut in großem Stil abgebaut. Er diente u. a. dem Bau des Kölner Doms. Erst die preußische Regierung legte den Steinbruch 1836 still, um den Berg als Naturschönheit zu bewahren. Seit 1922 ist er Naturschutzgebiet.

Bonn-Mehlem und Königswinter, und bringt die Radfahrer für den Abstecher zum Drachenfels (sofern man nicht schon bei Rolandseck den Fluss gequert hat) trockenen Fußes ans andere Rheinufer. In Bad Godesberg bietet sich mit der Rheinfähre Bad Godesberg-Niederdollendorf bereits

Lohnenswerter Schlenker 17

Kloster Heisterbach

und die fotogene Chorruine

Im Jahr 1192 begannen die Zisterzienser in diesem abgeschiedenen Tal mit der Errichtung der Kloster- und Wirtschaftsgebäude. Drei Jahre vorher waren 13 Mönche vom Kloster Himmerod beauftragt worden, im Siebengebirge ein Tochterkloster zu gründen. 1202 wurde die Anlage fertiggestellt. Im selben Jahr wurde mit dem Bau der kunstvollen Abteikirche begonnen, die romanische wie auch gotische Stilelemente aufwies. Sie war eine der größten romanischen Kirchen im Rheinland. Infolge der Säkularisation wurde Heisterbach aufgehoben und zwischen 1809 und 1820 wurden große Teile des Klosterareals abgerissen, darunter das Dormitorium, der Kreuzgang und die Abteikirche, lediglich ihr Chor blieb erhalten und liefert heute ein begehrtes Fotomotiv. Die abgebrochenen Steinquader dienten unterdessen dem Bau des von Napoleon initiierten Nordkanals (eine geplante, aber nur in Teilen realisierte Wasserstraße zwischen Antwerpen und dem Rhein) im Abschnitt zwischen Venlo und Neuss und später auch der Festung Ehrenbreitstein bei Koblenz.

Die Gründung des Klosters wirkte maßgeblich auf die Entwicklung der Kulturlandschaft des Heisterbacher Tals ein. Durch die Anlage von Fischteichen, Wassermühlen und Weinanbauflächen sowie den Ackerbau prägten die Tä-

die nächste Möglichkeit, um die Seite zu wechseln, um das **Kloster Heisterbach** 17 mit der Chorruine zu besichtigen. Auf der linken Seite weiter stets am Uferradweg entlang, vorbei am ehemaligen Bundeshaus, der Villa Hammerschmidt, ist das nächste Zwischenziel **Bonn** 18 erreicht.

tigkeiten der Zisterzienser das Landschaftsbild über Jahrhunderte.

1984 wurde die Stiftung Abtei Heisterbach gegründet, um das Kulturerbe zu pflegen und zu erforschen. Die ehemalige Zisterzienserabtei kann besichtigt werden, ein Audioguide oder die HeisterbachApp liefern Informationen. Neben den Sehenswürdigkeiten befindet sich die Klosterstube auf dem Gelände. Sie bietet gutbürgerliche Hausmannskost.

Klosterruine Heisterbach

18 *Highlight* am Wegesrand

Bonn

die Geburtsstadt Beethovens

Bonn blickt auf über 2000 Jahre Geschichte zurück und zählt damit zu den ältesten Städten Deutschlands.

Die Stadt mit über 330.000 Einwohnern erstreckt sich beiderseits des Rheins. In der Zeit von 1949 bis 1990 war Bonn Bundeshauptstadt, nach der Wiedervereinigung wurde der Regierungssitz 1999/2000 nach Berlin verlegt. Für die Vereinten Nationen ist Bonn als Sitz von 20 Organisationen ein bedeutsamer Standort.

Das **Haus der Geschichte** ist ein guter Anlaufpunkt für alle, die sich mit der Geschichte der Bun-

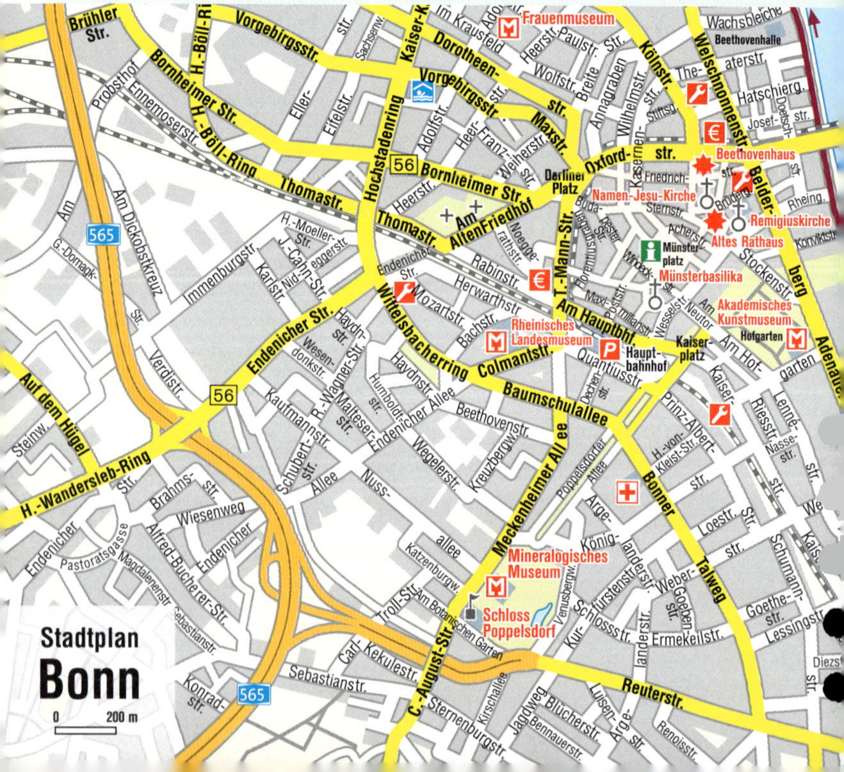

Bundeskunsthalle, Bonn

desrepublik seit 1945 aus politischer Perspektive und darüber hinaus beschäftigen wollen. Die Institution ist Teil der **Museumsmeile**, entlang der außerdem das **Deutsche Museum Bonn** liegt, das bahnbrechende technische Erfindungen zeigt, sowie die **Bundeskunsthalle** mit ihren drei markanten Lichttürmen, die Ausstellungen zur bildenden Kunst, Kulturgeschichte, zu Wissenschaft und Technik zeigt. Auch das **Kunstmuseum Bonn**, dessen Schwerpunkt die Gegenwartskunst bildet, und das **Zoologische Forschungsmuseum Alexander König**, das sich dem Planeten Erde widmet, liegen an der Museumsmeile.

Der berühmteste Sohn der Stadt war der Komponist Ludwig van Beethoven, der im Dezember 1770 in der Bonngasse Nr. 20 das Licht der Welt erblickte. Sein Geburtshaus zieht heute als Museum zu Ehren des berühmten Musikers jährlich rund 100.000 Gäste aus aller Welt an. Das **Beethoven-Haus** nennt die größte Beethoven. Sammlung der Welt sein eigen und veranschaulicht Leben und Wirken des Genies.

Hippie-Bulli im Haus der Geschichte

Essen, Trinken & Durchatmen

Ein kulinarischer Abzweig

An Rheinkilometer 728, im Yachthafen von Oberwinter, ankert das **Pfannkuchenschiff**. Hier bestellt man die namensgebenden Pfannkuchen; aber auch Flammkuchen und andere Speisen werden angeboten. Die Gäste kommen sowohl vom Land (wie die Radfahrer vom Rheinradweg) oder auch vom Wasser, denn wer mit dem Boot unterwegs ist, kann hier direkt beim Lokal an einem von acht Liegeplätzen anlegen.

Pfannkuchenschiff
Am Yachthafen 100
53424 Oberwinter
Tel. +49 2228 9116500

Das **Haus am Rhein** direkt an der malerischen rechtsrheinischen Promenade des Beueler Ufers ist eine feste Instanz in Bonn. Die Speisekarte vereint kulinarische Streifzüge durch den Mittelmeerraum, Rezepte der gutbürgerlichen Küche sowie leichte Gerichte. In der warmen Jahreszeit genießen die Gäste im **Biergarten „Zum Blauen Affen"** bayerisches Biergartenflair nahe dem Rheinufer.

Haus am Rhein
Elsa-Brändström-Straße 74
53227 Bonn
Tel. +49 228 465307
www.haus-am-rhein.de

Beethovenfigur auf dem Münsterplatz in Bonn

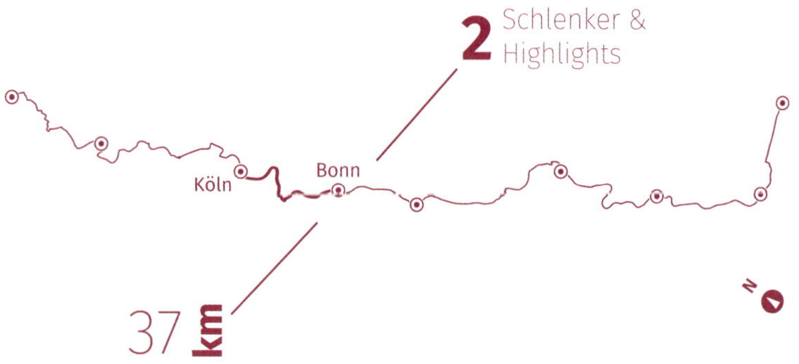

Streckenprofil

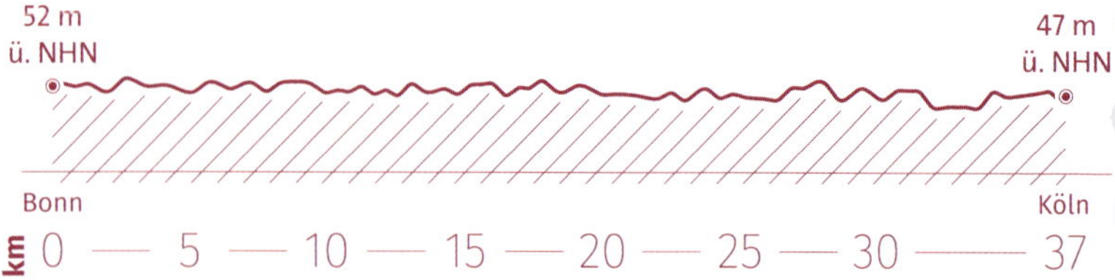

Ode an das Fahrrad

In Bonn beginnt der Abschnitt des Niederrheins, der bis zur deutsch-niederländischen Grenze reicht. Während das Mittelrheintal bis dahin durch enge Flussabschnitte gekennzeichnet war, weitet sich das Flusstal nun zur Kölner Bucht hin, die später in die Niederrheinische Bucht übergeht.

Mit romantischen Anblicken ist nun einmal Schluss. Die Industriearchitektur hat jedoch auch ihren Reiz. Immer wieder trifft man auf diesem Abschnitt ab Bonn auf Industrieanlagen, die umfahren werden müssen. Mit Köln, Düsseldorf, Neuss und Duisburg liegen an diesem Stromabschnitt wirtschaftlich besonders wichtige Häfen. Daneben prägt sehr dichte Besiedelung den Niederrhein.

Von der Kennedybrücke, die in den Bonner Stadtbezirk Beuel führt, orientiert sich der Radweg nun weiter links des Rheins, wobei eine Variante auch weiterhin rechts führt. Vorbei an der Friedrich-Ebert-Brücke gelangt man nach Graurheindorf, wo der Fähranleger eine Anbindung nach Mondorf bietet. Auf der Höhe von Mondorf mündet die Sieg, die im Rothaargebirge entspringt, in den Rhein. In diesem Mündungsbereich pflegte die Fischerei-Bruderschaft zu Bergheim ab dem Mittelalter die Tradition der **Flussfischerei**, die als immaterielles UNESCO-Kulturerbe anerkannt wurde.

Vor Hersel liegt eine kleine Oase im Rhein: Die Insel Herseler Werth ist die einzige Rheininsel in Nordrhein-Westfalen, die nicht zugänglich ist, denn sie ist seit 1993 als Naturschutzgebiet ausgewiesen. Auf dem Eiland brüten Nachtigalle, Pirole und Sumpfrohrsänger in aller Ruhe, unzähligen Zugvögeln bietet der Flecken im Frühjahr und Herbst eine Rast.

Wissenswertes im Gepäck

Traditionelle Flussfischerei

Immaterielles UNESCO-Kulturerbe

Die Tradition der Flussfischerei an der Sieg geht noch auf das Mittelalter zurück. Bereits seit dem Jahr 987 besitzen Fischerfamilien in Bergheim die Fischereirechte im Mündungsbereich der Sieg in den Rhein. Aus der zunftartigen Gemeinschaft von 14 Fischerfamilien entstand die Fischerei-Bruderschaft, die zu einer Lebens-, Glaubens- und Arbeitsgemeinschaft wurde. Auch wenn die berufliche Fischerei Mitte des 20. Jahrhunderts aufgegeben wurde, tradiert die Bruderschaft heute Wissen über die Traditionen rund um Fischfang, Fischereitechniken und Handwerke. So waren beispielsweise ein gesunder Fischbestand und die Rücksichtnahme auf Laichzeiten und Jungfische sowie die Vermeidung von Überfischung oberste Prämissen. Heute würde man dies als „Nachhaltige Fischerei" bezeichnen.

Die Fischereibruderschaft zählt aktuell rund 400 Mitglieder. Sie engagieren sich im Bereich Bildung, Traditionspflege und Naturschutz an der unteren Sieg, um insbesondere den nachkommenden Generationen das Wissen um die Geschichte der Flussfischerei an der Sieg weiterzugeben und das

Widdig und der Wesselinger Ortsteil Urfeld werden noch direkt am Rheinufer passiert. Das Werk Wesseling, das sich nun ausbreitet, gehört gemeinsam mit dem Werk in Köln-Godorf zum Energy and Chemicals Park Rheinland. Die Raffinerie ist die größte Deutschlands. Rund 17 Mio. Tonnen Rohöl werden jährlich an diesem Standort verarbeitet. Würde man die Hälfte der in einem Jahr produzierten Mineralölprodukte auf der Schiene transportieren, so würde der Zug von Köln bis Kapstadt reichen. Die zweite Hälfte würde dann mit 275.000 Tankwagen transportiert.

Wesseling ist der Ausgangspunkt für einen Schlösserbesuch nach Brühl, wo mit **Schloss Augustusburg** und dem **Jagdschloss Falkenlust** (19) zwei Welterbestätten an glanzvolle vergangene Zeiten erinnern.

Vor Köln beschreibt der Rhein bei Wesseling und gleich darauf aber-

Brauchtum zu wahren. Interessierte gewinnen im **Fischereimuseum Bergheim an der Sieg** Einblicke in die Kulturgeschichte der Fischerei an der unteren Sieg, erfahren Details zur Fischerei-Bruderschaft und Wissenswertes über das Naturschutzgebiet der Siegaue und die Effekte regelmäßiger Überflutungen für die Tier- und Pflanzenwelt. 2016 nahm die UNESCO die Traditionelle Flussfischerei der Bruderschaft in das Immaterielle Kulturerbe in Deutschland auf, um diese immaterielle Kulturform zu würdigen.

Fischereimuseum Bergheim an der Sieg mit Schokker

Highlights am Wegesrand 19

Welterbestätte **Schlösser Brühl**

Die Schlösser Brühl zählen zu den frühesten und besten Beispielen der Rokoko-Architektur des 18. Jahrhunderts in Deutschland und dienten zahlreichen fürstlichen Höfen als Vorbild, weshalb sie 1984 in die UNESCO-Welterbeliste aufgenommen wurden. **Schloss Augustusburg** war die Lieblingsresidenz des Kölner Kurfürsten und Erzbischofs Clemens August aus dem Hause Wittelsbach (1701–1761). Der Bau des prachtvollen Schlosses begann 1725 unter Baumeister Johann Conrad Schlaun auf den Resten einer mittelalterlichen Wasserburg. Seine Ausgestaltung als herausragende Residenz der damaligen Zeit verdankt das Schloss dem kurbayerischen Hofbaumeister François de Cuvilliés, der ab 1728 für die Gestaltung verantwortlich war. Namhafte Künstler wirkten auf Schloss Augustusburg; so entwarf etwa Balthasar Neumann die Pläne für das beeindruckende

Schloss Augustusburg

Prunktreppenhaus. Schloss Augustburg gilt als Gesamtkunstwerk des deutschen Rokoko, in dem Architektur, Plastik, Malerei und Gartenkunst ein großartiges Ensemble bilden.

Der **Schlosspark** ist ein Denkmal von internationalem Rang und ebenfalls Teil des Welterbes. Die barocke Gartenanlage gestaltete der französische Gartenkünstler Dominique Girard. Die Pläne der Waldbereiche, die an den Stil eines englischen Landschaftsgartens angelehnt wurden, gehen auf Peter Joseph Lenné zurück.

Eine Allee durch den Schlosspark verbindet Schloss Augustusburg mit dem **Jagdschloss Falkenlust**. Es wurde im Auftrag von Clemens August vom kurbayerischen Hofbaumeisters François de Cuvilliés entworfen und am Rande eines Wäldchens von 1729 bis 1737 erbaut. Der Standort für das Jagdschloss wurde aufgrund der Flugbahn der Reiher

gewählt. Sie dienten häufig als Beutevögel bei der von Clemens August beliebten Falkenjagd. Im Anschluss an die Jagd versammelte sich die ganze Gesellschaft dann auf Schloss Falkenlust. Die beiden Schlösser sind heute als Museen der Öffentlichkeit zugänglich.

mals bei Porz zwei markante Kurven. Godorf, Sürth und Rodenkirchen gehören bereits zu Köln. Diese Stadtteile im Süden Kölns zeigen eine andere, beinahe ländliche Seite der Großstadt, die dem klassischen Touristen zumeist verborgen bleibt. Am Rheinstrand Köllefornia in Rodenkirchen mit feinem, weißen Sand herrscht beinahe mediterranes Flair, weshalb er unter den Einheimischen als „Rodenkirchener Riviera" bezeichnet wird. Im Forstbotanischen Garten wandelt man zwischen Rhododendrenschlucht, Pfingstrosenwiese und Mammutbäumen.

Aber was wäre **Köln** (20) ohne die klassischen Sehenswürdigkeiten? Den Kölner Dom als Wahrzeichen der Stadt wird sich keiner entgehen lassen. Daher noch die letzten Meter am Rheinufer entlang bis ins Zentrum der Rheinmetropole, in der während dem **Karneval** alljährlich Ausnahmezustand herrscht.

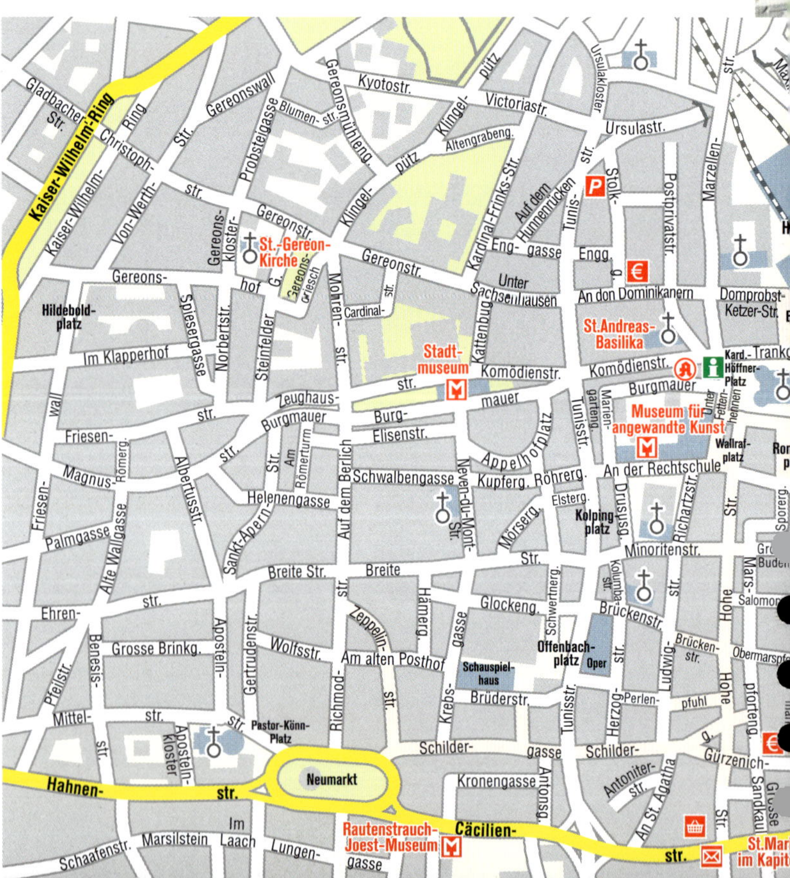

Radfahren am Rheinboulevard in Köln

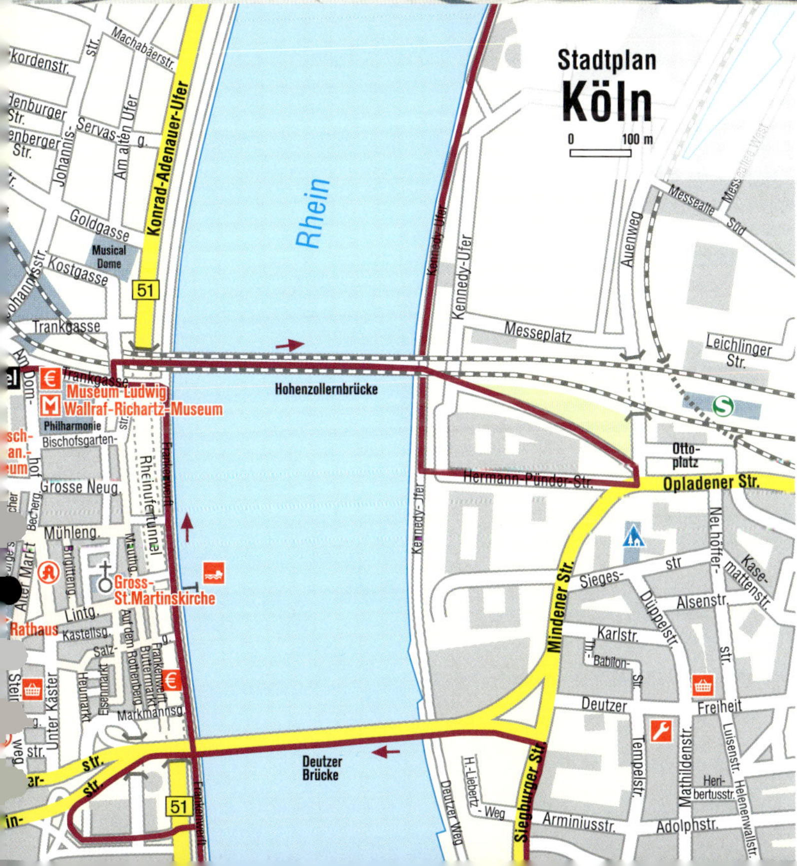

20 ***Highlight*** am Wegesrand

Köln

Tradition trifft Moderne

Wahrzeichen und Mittelpunkt Kölns ist der **Kölner Dom**. Er zieht jedes Jahr über 6 Millionen Besucher aus aller Welt an. Der Grundstein für die fünfschiffige, gotische Kathedrale wurde an Mariahimmelfahrt 1248 gelegt. Vollendet wurde der Dom nach 632 Jahren Bauzeit im Jahr 1880. Wer die 533 Treppenstufen auf die Plattform des Südturms erklettert, vorbei an der Glockenstube mit der Petersglocke, der größten frei schwingenden Kirchenglocke weltweit, wird in 97 m Höhe mit einem Blick über Köln in alle vier Himmelsrichtungen belohnt. Seit 1996 gehört der Dom aufgrund seiner beeindruckenden Architektur, der herausragenden Glasmalereien und zahlreicher bedeutender Kunstwerke zum Weltkulturerbe der UNESCO.

Die historische Altstadt mit ihren urigen Gassen lädt zu einem Spaziergang und zum Verweilen in einem der unzähligen Brauhäuser und Restaurants – getrunken wird natürlich ein gutgekühltes Kölsch. Kölsch ist jedoch nicht nur ein Bier, Kölsch ist auch ein Dialekt. Die Mundart hat es für Auswärtige in sich, manche Wörter kann man gar nicht einfach mit einem Wort übersetzen. Die Kölner sind jedenfalls stolz auf ihre Mundart. Um die kölsche Sprache zeitgemäß zu erhalten und zu fördern, gibt es sogar eine eigene „Akademie för uns kölsche Sproch".
Aber zurück zur Reise-

Domblick im Wallraf-Richartz-Museum

Liebesschlösser an der Hohenzollernbrücke

agenda in und durch Köln: Die **Hohenzollernbrücke**, heute eine sechsgleisige Eisenbahnbrücke, bietet Fußgängern wie Radfahrern Gelegenheit, den Rhein zu queren. Sie ist mit bunten Liebesschlössern behangen und ein wahrer Wallfahrtsort für Verliebte.

Der **Rheinauhafen** auf der rechten Rheinseite hat sich seit seiner Neugestaltung zu einem jungen, attraktiven Stadtviertel und einer neuen Touristenattraktion entwickelt. Den Mittelpunkt bilden die drei an Lastenkräne erinnernden experimentellen Hochhäuser, die mehrfach mit Preisen ausgezeichnet wurden und äußerst fotogen sind.

Kunst- und Kulturinteressierten bietet Köln gleich mehrere Museen von Weltrang: Das **Wallraf-Richartz-Museum & Fondation Corboud** beherbergt eine der weltweit wichtigsten Sammlungen mittelalterlicher Malerei. Einen Schwerpunkt bilden die Werke des Kölners Stefan Lochner. Pop-Art-Werke, Werke der Russischen Avantgarde und Arbeiten Pablo Picassos werden im **Museum Ludwig** ausgestellt. Der römischen Kultur widmet sich das **Römisch-Germanische Museum**, dessen museales Highlight die weltweit größte römische Glas-Sammlung bildet. Das **Museum Schnütgen** in der romanischen Cäcilienkirche, der ältesten Kirche Kölns, zeigt mittelalterliche Sakralkunst.

Kulturgenuss der anderen Art finden Leckermäuler im **Schokoladenmuseum**. In der süßen Erlebniswelt werden Einblicke in die Geheimnisse rund um Kakao gewährt. Die gläserne Schokoladenfabrik ist ein Erlebnis.

Wissenswertes im Gepäck

Karneval

Die fünfte Kölner Jahreszeit

Fröhliche Frühlingsfeste wussten bereits die Griechen und Römer zu feiern. Winteraustreibungen und ausschweifende Feste zum Einläuten der Fastenzeit waren in Köln im Mittelalter verbreitet. Seit rund 190 Jahren wird der Kölner Karneval in der heutigen Form als institutionalisierter Straßenkarneval begangen. Mittlerweile sind es rund 300 Veranstalter (Karnevalsgesellschaften, Heimatvereine, Stadt-

Kölner Karneval

viertelgemeinschaften), die das Fest in 900 Sitzungen, Bällen und Umzügen feiern.

Eröffnet wird die Karnevalsession am 11.11. um 11:11 Uhr. Bei dieser Gelegenheit wird das designierte Kölner Dreigestirn, der Prinz, der Bauer und die Jungfrau, präsentiert. Sie sind die offiziellen Regenten des närrischen Volks während der „fünften Kölner Jahreszeit". Sie werden jährlich neu ernannt. Den Höhepunkt des Straßenkarnevals bildet der Rosenmontagszug, der alljährlich eine Million Besucher anzieht. Damit zählt der Kölner Karneval zu den größten Karnevalsfesten weltweit.

Hinsichtlich der Verkleidung sind der Fantasie keinerlei Grenzen gesetzt. Auch geht es nicht darum, dass die Kostüme „schön" sind.

Der berühmte Kölner Karnevalsruf „Kölle Alaaf!" war Mitte des 16. Jahrhunderts ein beliebter Trinkspruch, ein Ausruf der Freude in geselligem Kreis. Heute verwenden Narren den Ausruf im Sinne von „Köln über alles!"

Essen, Trinken & Durchatmen

Ein kulinarischer Abzweig

Am Eingang zum Naturschutzgebiet Entenfang, früher ein Seitenarm des Rheins, liegt das **WirtzHaus**, das bereits Ende des 19. Jahrhunderts als Gaststätte und Kolonialwarenladen erbaut wurde. Seit der Übernahme der Familie Witz versteht sich das Wirtzhaus als Mix aus Restaurant, Kneipe und Biergarten. Auch die Speisekarte ist eine Mischung aus Regionalem und Internationalem.

WirtzHaus
Oberdorfstraße 2
50389 Wesseling - Keldenich
Tel. +49 2236 947600
www.wirtzhaus.com

Ein Besuch in Köln kann nicht ohne ein original Kölner Brauhaus über die Bühne gehen. Im Herzen der Kölner Altstadt gibt es viele davon. Kölsche Gastfreundschaft erlebt man in **Peters Brauhaus** bei einem frisch gezapften Peters Kölsch und lokaltypischen Traditionsgerichten wie dem „halven Hahn“ oder „Himmel & Äd“, einer gebratenen Blutwurst mit Zwiebeln, Kartoffelpüree und Apfelkompott.

Peters Brauhaus
Mühlengasse 1
50667 Köln
Tel. +49 221 2573950
www.peters-brauhaus.de

Rheinauhafen mit Kranhäusern, Köln

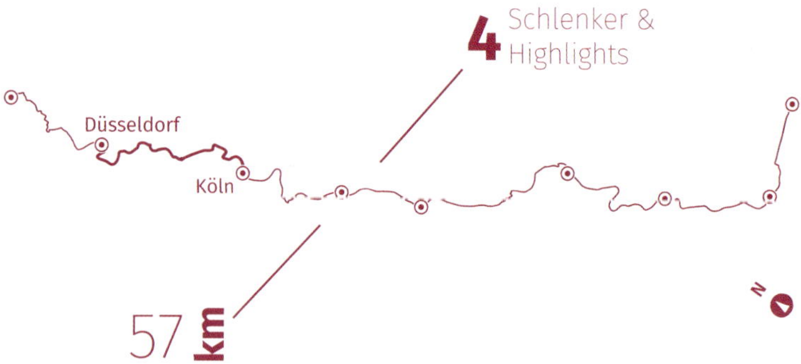

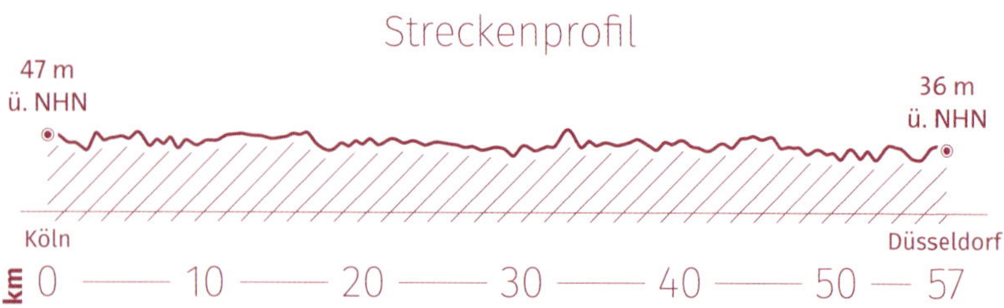

Streifzug

Die Gegend nördlich von Köln ist eine bedeutende Industrieregion. Man sieht das nicht nur am hohen Aufkommen der gewerblichen Schifffahrt. Container- und Verladehäfen liegen auf diesem Abschnitt ebenso wie Kraftwerke und Chemische Industrie. Die Industriekultur hat durchaus auch einen gewissen Reiz. Großstadtflair herrscht in Köln, Leverkusen und Duisburg. Dazwischen findet sich aber genauso natürliche Stille entlang des Rheins, der ruhig und gemächlich dahinfließt und in seinem Verlauf hier einige kühne Schwünge zieht.

In Köln sollte man zum Abschied die denkmalgeschützte Hohenzollernbrücke nehmen, um diesmal auf der rechten Uferseite entlang des Rheins zu fahren. Bis zum Stammheimer Schlosspark, den Graf Franz Egon von Fürstenberg-Stammheim beauftragt und Maximilian Friedrich Weye anlegte, orientiert sich der Radweg am Rhein. Dann aber entfernt er sich vom Strom und biegt in Flittard nach rechts und dann wiederum nach links in das Stadtzentrum von **Leverkusen**. Die Stadt mit rund 167.000 Einwohnern ist vor allem als Standort des Chemie- und Pharmakonzerns Bayer AG bekannt. Als Botschafter des Unternehmens nach außen tritt die „Werkself" auf, wie die Fußballmannschaft von Bayer 04 Leverkusen auch genannt wird. Heimat des Bundesliga-Vereins ist die BayArena. Ebenfalls in Besitz der Bayer AG ist der öffentliche Japanische Garten im Carl-Duisberg-Park. Die fernöstliche Oase der Stille geht zurück auf den Aufsichtsrats- und Verwaltungsratsvorsitzenden der früheren I.G. Farbenindustrie Aktiengesellschaft Carl Duisberg, der 1926 Japan bereiste und von der dortigen Gartenkunst derart angetan war, dass er den Japanischen Garten seiner Villa erweitern und Kostbarkeiten Ostasiens hier vereinen ließ.

Highlight am Wegesrand 21

Haus Bürgel

Römisches Museum, Biologische Station, Pferdehof

An der Stelle, an der heute Haus Bürgel steht, erbauten die Römer im 4. Jahrhundert ein Militärkastell, dessen Fundamente heute noch sichtbar sind. An diesem historischen Ort zeigt das **Römische Museum** heute spätantike Ausgrabungsfunde wie Schmuck, Kämme, Keramik, Werkzeuge, Waffen und Münzen, die das Leben im ehemaligen Kastell veranschaulichen und die Geschichte von Haus Bürgel von vor 2000 Jahren bis heute erzählen. Dabei werden verschiedenste Themen wie Bautechnik, Schifffahrt oder Arbeitsmethoden von Archäologen beleuchtet. Auf dem archäologischen Außenpfad kann man rund um Haus Bürgel die Umrisse des römischen Kastells nachvollziehen und erfährt an Stationen Hintergründe zur einstigen Militärfestung. Im historischen Nutzgarten gedeihen Gemüse- und Kräuterpflanzen, die über Jahrhunderte hinweg zum Kochen und Würzen dienten.

Dem Haus Bürgel zugehörig ist auch die **Biologische Station**, die sich um den Erhalt der Naturschätze und die Förderung der Kulturlandschaft von Düsseldorf und Kreis Mettmann kümmert.

Außerdem werden auf Haus Bürgel Kaltblüter gezüchtet, eine Tradition, die seit Jahrhunderten gepflegt wird. Der **Pferdehof** bietet Kutsch- und Planwagenfahrten durch die Urdenbacher Kämpe.

Weiter nordwärts leitet der Radweg unter die Leverkusener Rheinbrücke und vorbei am Entsorgungszentrum. Bevor man selbst die Wupper kurz vor ihrer Mündung in den Rhein überquert, sollte man links einen Abstecher zur historischen **Schiffsbrücke** an der alten Wuppermündung nehmen. Die Anlage geht auf das Jahr 1920 zurück und besteht heute aus drei Schiffen, dem Klipper „Einigkeit“, der Tjalk „Freiheit“ und dem Aalschokker

Kaltblüter

„Recht", über die ein Laufsteg führt. Sie gilt als letzte ihrer Art in Deutschland. Die eigentliche Wuppermündung wurde in den 1970er-Jahren verlegt und wird auf der Route über die Pontonbrücke überquert. Über Hitdorf erreicht man die Stadt Monheim am Rhein.

In der Urdenbacher Kämpe bei Monheim liegt das **Haus Bürgel** 21. Hier befand sich einst ein Römerkastell am Niedergermanischen Limes. Auf dem Gelände des historischen Gutshofs befinden sich heute ein Römisches Museum, eine Biologische Station sowie eine Pferdezucht.

Schiffsbrücke Wuppermündung

Highlight am Wegesrand 22

Mittelalterstadt **Zons**

Die ehemalige kurkölnische Zollfeste Zons ist in ihrem mittelalterlichen Stadtbild weitestgehend erhalten. Sie diente ab 1372 den Kölner Bischöfen und Erzbischöfen zur Einhebung von Zöllen von passierenden Schiffen. Zum Schutze der Zollstätte wurde die Zollfeste Burg Friedestrom erbaut. Der mächtige Rheinturm, der als Zollturm diente, stammt aus dem Jahr 1388. Hier befindet sich einer der Eingänge in die ehemalige Zollfeste. Die Reise ins Mittelalter führt durch die verträumte Altstadt, die von einer Stadtmauer umgeben ist, über die Rheinstraße, die mittelalterliche Prachtstraße, zum Juddeturm und zur 600 Jahre alten Windmühle, deren hölzernes Mahlwerk noch in ihrem Original aus dem 17. Jahrhundert erhalten ist.

Die Stadt ist bekannt für ihre Feste und Märkte. Im Sommer werden auf der Freilichtbühne von Schloss Friedestrom Märchenfestspiele veranstaltet. Im Herbst lädt der Matthäusmarkt ein, auf dem Handwerker- und Kunsthandwerkermarkt Handwerkern bei ihrer Arbeit über die Schulter zu schauen, dabei ertönt mittelalterliche Musik und auch ein Ritterturnier wird abgehalten.

Auf dem linken Rheinufer liegt das „Rothenburg des Rheinlandes", das mit der Fähre Zons-Urdenbach erreicht wird. Der Beiname verrät bereits, dass man das mittelalterliche Städtchen **Zons** 22 keinesfalls auslassen sollte. 700.000 Besucher zieht die ehemalige Zollfeste mit alten Gemäuern, Festen und Märkten jährlich an. Immerhin gilt sie mit ihrem hervorragenden Er-

Juddeturm, Zons

Saarwerden-Denkmal

haltungszustand als einzigartiges Beispiel einer befestigten mittelalterlichen Stadt im Rheinland. Das gesamte Ensemble aus Festungsanlagen und mittelalterlichen Gassen steht unter Denkmalschutz.

Rechts des Rheins markiert unterdessen Urdenbach, früher ein bedeutender Handelsort mit einem Hafen am Altrhein, die südliche Stadtgrenze von Düsseldorf, gefolgt vom Stadtteil Benrath. Der Rhein-

Schloss Benrath, Corps De Logis, Gartensaal

radweg führt hier am Park von **Schloss Benrath** (23), einem Lustschloss vor den Toren Düsseldorfs, unmittelbar vorbei.

Die nächste Rheinschleife wird abgekürzt. Zwei Autobahnbrücken und eine Eisenbahnbrücke später breitet sich geradeaus das Hafenareal aus. Nach dem Golfplatz kommt man zur Brücke am Medienhafen mit toller Aussicht. An der Rheinkniebrücke zeigen Pfeile in alle Richtungen, das Stadtzentrum von **Düsseldorf** (24) – der „längsten Theke der Welt“ – liegt jedenfalls rechter Hand.

Schloss Benrath

In Filzpantoffeln im Museum

Ein Lust- und Jagdschloss wünschte sich Kurfürst Carl Theodor von Pfalz-Sulzbach und beauftragte im Jahr 1755 Nicolas de Pigage mit der Errichtung dieser Maison de plaisance vor den Toren Düsseldorfs. Der französische Bau- und Gartendirektor schuf ein außerordentliches Gesamtkunstwerk, in dem Architektur und Gartenanlagen auf prächtige Art und Weise in einer übergeordneten Gestaltungsidee vereint wurden. Carl Theodor besuchte Schloss Benrath nur ein einziges Mal und das für wenige Stunden. Heute gilt Schloss Benrath als eines der schönsten spätbarocken Gartenschlösser Europas und kann im Rahmen einer Führung besichtigt werden. Nicht der heimeligen Atmosphäre wegen, sondern zur Schonung des wertvollen Parketts wandeln die Museumsbesucher mit Filzpantoffeln durch das Schloss.

Das auf Schloss Benrath zeigt 2500 Jahre europäische Gartenbaukunst, wobei der Rahmen von Blumenmoden über Gartenpläne bis hin zum Garten als Apotheke reicht. Im westlichen Flügel des Schlosses ist außerdem das untergebracht.

Künstlerisch bedeutsam ist auch der . Er zeugt von der Natur- und Kulturgeschichte der Region und steht unter Denkmalschutz, Teile von ihm auch unter Naturschutz. Über 80 Vogelarten und 300 Käferarten leben hier zwischen seltenen nordamerikanischen Gehölzen.

Fassade der Kö-Bogen in Düsseldorf

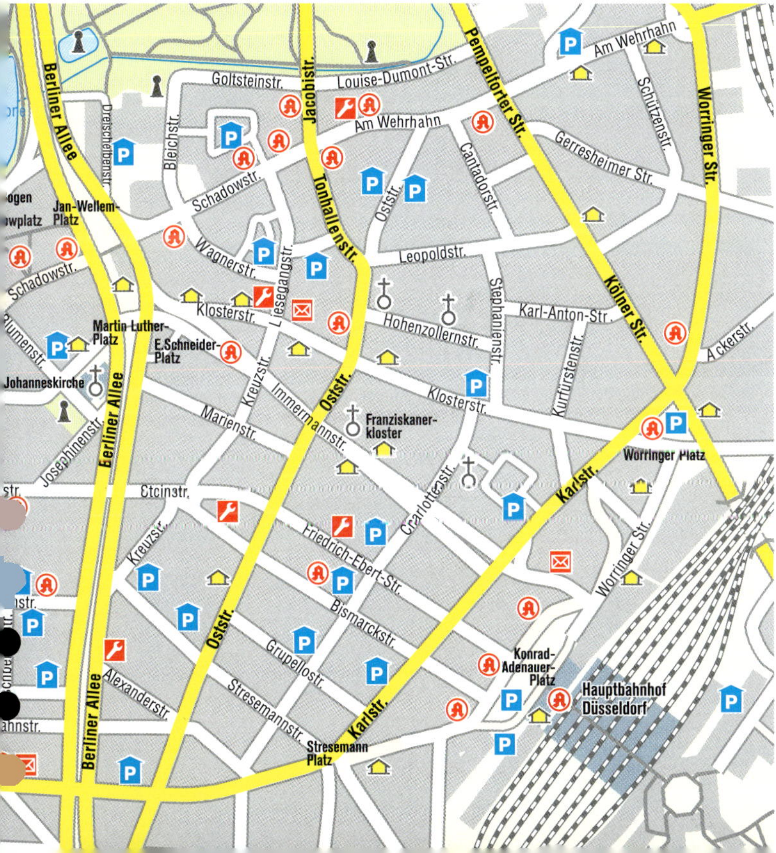

Berliner Allee
Goltsteinstr.
Louise-Dumont-Str.
Jacobistr.
Pempelforter Str.
Am Wehrhahn
Am Wehrhahn
Schützenstr.
Worringer Str.
Dreischeibenstr.
Bleichstr.
Schadowstr.
Gerresheimer Str.
Cantadorstr.
Tonhallenstr.
Oststr.
Jan-Wellem-Platz
Schadowstr.
Wagnerstr.
Leopoldstr.
Liesegangstr.
Klosterstr.
Hohenzollernstr.
Stephanienstr.
Karl-Anton-Str.
Kölner Str.
Ackerstr.
Martin Luther-Platz
E.Schneider-Platz
Kurfürstenstr.
Klosterstr.
Johanneskirche
Kreuzstr.
Immermannstr.
Oststr.
Marienstr.
Franziskanerkloster
Josephinenstr.
Berliner Allee
Worringer Platz
Karlstr.
Charlottenstr.
Friedrich-Ebert-Str.
Kreuzstr.
Worringer Str.
Bismarckstr.
Oststr.
Grupellostr.
Konrad-Adenauer-Platz
Hauptbahnhof Düsseldorf
Alexanderstr.
Stresemannstr.
Karlstr.
Berliner Allee
Stresemann Platz

Highlight am Wegesrand 24

Düsseldorf

260 Kneipen reihen sich in der Düsseldorfer Altstadt aneinander, nicht umsonst wird behauptet, die Stadt wäre die „längste Theke der Welt“, darunter sind zahlreiche lokale Hausbrauereien, die traditionell „Altbier“, also obergäriges Bier, herstellen.

Und es gibt den Luxus-Boulevard, die **Königsallee**, „Kö“ genannt, an der sich exklusive Geschäfte, Modesalons und Cafés aneinanderreihen.

Düsseldorf kann aber auch anders. Da wären zum Beispiel grüne Oasen wie die Rheinwiesen, auf denen mitunter Schafe

Mit dem Rad durch Düsseldorf

grasen, der Hofgarten, der Japanische Garten, der Volksgarten oder der Botanische Garten.

Außerdem ist die Stadt ein Open-Air-Museum für moderne Architektur. Aushängeschild ist der **MedienHafen**, der sich dank der Pläne Frank O. Gehrys für das dreiteilige Gebäudeensemble Neuer Zollhof zu einer architektonischen Sehenswürdigkeit entwickelt hat. Auch die Architekten David Chipperfield, Joe Coenen, Steven Holl und Claude Vasconi haben die Industriebrache mitgestaltet. Markant ist der **Rheinturm** am Eingang zum MedienHafen, von dessen Aussichtsplattform auf einer Höhe von 168 m sich bei gutem Wetter Sicht bis zum Kölner Dom bietet. Auch der Kö-Bogen von Daniel Libeskind und der Kö-Bogen II des Düsseldorfer Architekturbüros Ingenhoven mit einer Gebäudehülle aus 30.000 Pflanzen – beide exklusive Shopping-Adressen – sind architektonische Highlights.

Hochkarätige Ausstellungen werden im **Kunstpalast** und im K20 und K21 der **Kunstsammlung NRW** gezeigt.

Essen, Trinken & Durchatmen

Ein kulinarischer Abzweig

Direkt am Hitdorfer Hafen liegt das **Kran-Café** mit Biergarten. Der Kran wurde im Zuge eines Ausbaus der Werft und der Gleisanlagen 1928 errichtet und diente dem Güterumschlag vom Schiff auf Eisenbahn und LKW. Er sollte 1987 bereits verschrottet werden, als eine Privatinitiative den heute denkmalgeschützten Kran rettete. Seither genießt man hier Kaffee und Kuchen, Bockwurst und andere Kleinigkeiten.

Kran-Café
Rheinstraße 91
51371 Leverkusen
Tel. +49 2173 1013434
www.kran-cafe.de

Das **bloomgold** mit seinem außergewöhnlichen Interieur versprüht ein ganz besonderes Ambiente. Hier isst man bei Freunden, und zwar die Lieblingsgerichte der beiden Betreiberinnen, wobei die Küche eine französische Note aufweist. Ob zum Frühstück hausgebackener Brioche, zur Hauptmahlzeit Coq au Riesling oder Winzerfladen oder zwischendurch Macarons und Waffeln.

bloomgold
Zollstraße 2
40789 Monheim am Rhein
Tel. +49 152 32092728
www.bloomgold.de

IndustriekulTour

Rheinradweg bei Düsseldorf

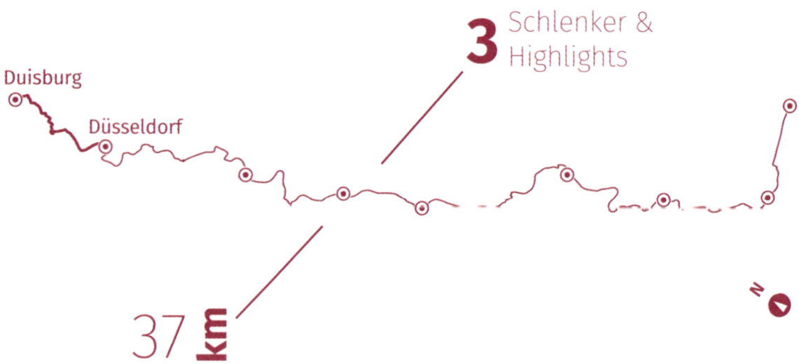

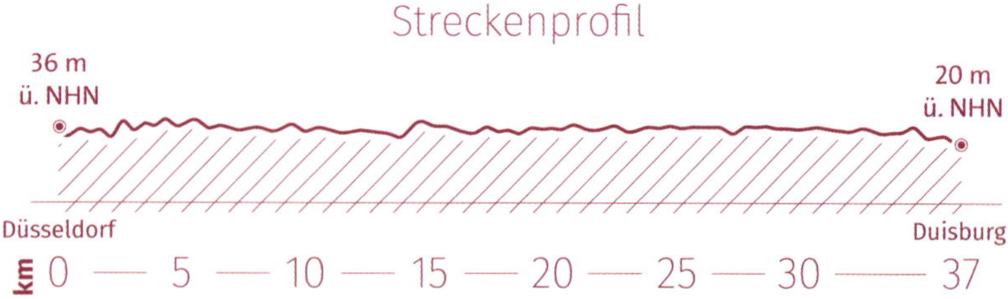

Bei Düsseldorf beschreibt der Rhein einmal mehr eine markante Schleife. Die scharfe Biegung wird als Rheinknie bezeichnet, bereits in Basel und in Bingen hat der Rhein in seinem Verlauf solch markante Flussschleifen gezogen. Das Rheinknie von Düsseldorf trennt die Stadtteile Hafen und Carlstadt (die Düsseldorfer Innenstadt, welche direkt an die Altstadt grenzt) von Oberkassel, das sich linksrheinisch befindet. Doch führen in Düsseldorf sieben Brücken über den Rhein, wodurch seine Querung erleichtert wird. Die Rheinkniebrü cke, an der der Landtag Nordrhein-Westfalens gelegen ist, bildet mit dem Rheinturm und dem Medienhafen das klassische Motiv von Düsseldorf.

Die Rheinuferpromenade, die nach Norden aus der Stadt hinausführt, ist eine echte Flaniermeile. Es geht vorbei an der Altstadt, am Düsseldorfer Rathaus und mehreren Parks, dem Hofgarten, dem Rheinpark Golzheim und dem Nordpark mit dem Japanischen Garten. Lohausen passiert man, ehe man nach Kaiserswerth gelangt, heute Teil Düsseldorfs. Mitte des 12. Jahrhunderts wurde Kaiserswerth zur Reichsstadt und unter Kaiser Friedrich I. Barbarossa zur **Kaiserpfalz Kaiserswerth** 25 ausgebaut, deren Reste durchaus heute noch imposant anmuten. In Kaiserswerth lohnt sich aber auch ein Spaziergang durch den verträumten Ortskern mit Barockhäusern aus dem 17. und 18. Jahrhundert.

Wittlaer bildet im Norden die Stadtgrenze Düsseldorfs, während Serm, als nächstes am Rheinradweg, bereits zu den südlichsten Ortslagen der Stadt Duisburg zuzurechnen ist. Wer der Stadt **Krefeld** einen Besuch abstatten möchte, muss nun das Rheinufer über die Krefeld-Uerdinger Brücke wechseln. Im 18. und 19.

Highlight am Wegesrand **25**

Kaiserpfalz Kaiserswerth

Auf Barbarossas Spuren

Bereits um das Jahr 1100 stand auf Kaiserswerth, einst eine Insel im Rhein, ein fränkischer Königshof, der von den salischen Kaisern zur Pfalzanlage ausgebaut wurde. Nachdem Kaiser Friedrich I. Barbarossa 1174 den Rheinzoll vom niederländischen Tiel nach Kaiserswerth verlegt hatte, wurde auf sein Geheiß 1184 ein gigantisches Bauwerk erbaut, das dem Kaiser und seinem Gefolge zur temporären Beherbergung dienen sollte. Die Festung war strategisch optimal gelegen, war doch der Blick auf den Rhein in beide Richtungen frei. Außerdem kreuzten sich hier alte Handelswege. Vor allem aber war die Festung ein scheinbar uneinnehmbares Bollwerk, das zwar mehrfach erstürmt, aber immer wieder aufgebaut wurde. Über Jahrhunderte beherrschte die Kaiserpfalz Kaiserswerth den Fluss und die gesamte Region. Im Spanischen Erbfolgekrieg wurde sie 1702 jedoch durch ein zweimonatiges Artilleriebombardement weitestgehend zerstört. Danach diente die Ruine zwei Jahrhunderte lang als Steinbruch.

Erst Anfang des 20. Jahrhunderts wurde der Wert der mächtigen Ruine erkannt. Der Förderverein „Kaiserpfalz-Kaiserswerth“ kümmert sich heute um Pflege und Erhalt der Barbarossa-Pfalz und die geschichtliche Aufarbeitung. Außerdem organisiert der Förderverein Kulturveranstaltungen vor der imposanten alten Kulisse.

Kaiserpfalz Kaiserswerth

Tiger & Turtle

Jahrhundert erlebte die Stadt dank der Seidenstoffproduktion einen wirtschaftlichen Aufschwung, was ihr den Beinamen „Samt- und Seidestadt" einbrachte. Damals galt Krefeld als eine der reichsten Städte Preußens. Im Deutschen Textilmuseum kann man in Wechselausstellungen zu ausgewählten Themen historische Textilien und Bekleidung aus aller Welt von der Antike bis zur Gegenwart besichtigen. Hauptattraktion der Stadt ist die **Burg Linn** 26.

Der Rheinradweg setzt sich nun abermals links des Rheins fort (auch auf rechter Seite gibt es aber wieder einen Ableger). Entlang des Angerbachs führt der Weg direkt zum Angerpark. Auf einer ehemaligen Halde steht hier die **Achterbahnskulptur Tiger & Turtle**. Als Landmarke ist sie weithin sichtbar, zugleich bietet sie eine grandiose Aussicht über die Duisburger Innenstadt und bei gutem Wetter bis nach Düsseldorf. Direkt zu Füßen kann man dem Treiben der Hüttenwerke zusehen sowie den Logport unter die Lupe nehmen. Dafür muss man allerdings zunächst einige Stufen bis zum Looping erklimmen. Die Großskulptur wurde im Rahmen der Kulturhauptstadt Ruhr.2010 von den Künstlern Heike Mutter und Ulrich Genth geschaffen. Die Heinrich-Hildebrand-Höhe ist mit der Achterbahnskulptur ein Beispiel für den Strukturwandel und die Neugestaltung des **Ruhrgebiets**.

In Wanheim in Rheinnähe, durch Wanheimerort und Hochfeld gelangt man direkt in das Zentrum von **Duisburg** 27, rechts führt die Fußgängerzone zum König-Heinrich-Platz, dem Herzen der Duisburger City.

„Beim Radfahren lernt man ein Land am besten kennen, weil man dessen Hügel empor schwitzt und sie dann wieder hinuntersaust.“

(Ernest Hemingway, 1899–1961)

Lohnenswerter Schlenker 26

Museum Burg Linn

Auf Burg Linn scheint man ins Mittelalter zurück versetzt. Tatsächlich stammt die Burganlage aber aus den 1950er-Jahren. Die ursprüngliche Burganlage geht auf Otto von Linn zurück, der hier ab dem 12. Jahrhundert zunächst einen Wohn- und Wehrturm errichten ließ. Im Jahr 1704 wurde die Burg im Zuge der Spanischen Erbfolgekriege zerstört. Während die Burg zusehends verfiel, wurde ein Jagdschloss im Vorhof neu errichtet. Erst im 20. Jahrhundert wurde die Burg nach den Originalplänen wieder aufgebaut und möbliert. Heute befindet sich hier das Museumszentrum mit der Burg, dem Archäologischen Museum und dem Jagdschloss mit einer Sammlung mechanischer Instrumente.

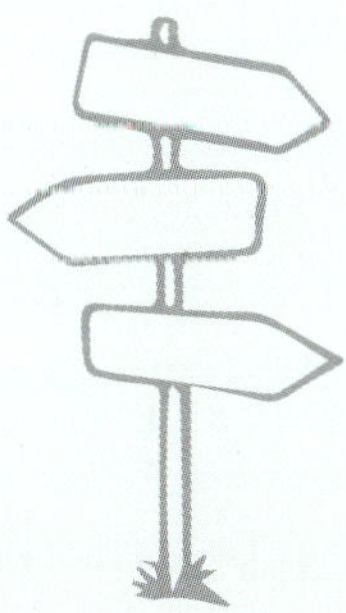

Burg Linn

Wissenswertes im Gepäck

Das **Ruhrgebiet** erfindet sich neu

Ruhrpott, Revier, Metropole Ruhr – das Ruhrgebiet hat mittlerweile viele Namen. Im drittgrößten Ballungsraum Europas leben mittlerweile über 5 Millionen Menschen. Bergbau und Stahlindustrie haben die Region ab dem 19. Jahrhundert geprägt. In den vergangenen Jahrzehnten hat die Metropole Ruhr jedoch einen markanten Strukturwandel erlebt, hin zu einem Dienstleistungs-, Technologie- und Wissensstandort. Das Image des Ruhrpotts wurde massiv aufgewertet. Ehemalige Industriebrachen wurden renaturiert, alte Industriestätten wurden zu Denkmälern, die von der Vergangenheit zeugen, heute aber für Kunst und Kultur, Freizeit und Sport genutzt werden. Industriekultur lautet das Schlagwort für diese neuen Nutzungen in bizarr-schönem Ambiente.

Landschaftspark Duisburg-Nord

Der **Landschaftspark Duisburg-Nord** ist ein solches Beispiel – heute eine Großstadtoase, vormals ein stillgelegtes Hüttenwerk. Ab 1901 wurde in Meiderich, in unmittelbarer Nähe von Kohlefeldern, unter August Thyssen mit dem Bau eines Hochofenwerks zur Herstellung von Roheisen begonnen. Als Folge der großen Nachfrage nach Stahl in den USA sowie der weitreichenden Flottebaupläne der deutschen Marine war es zu einem Mangel an Roheisen gekommen. Die fünf Hochöfen produzierten bis zur Stilllegung im Jahr 1985 37 Millionen Tonnen Roheisen. Ab den 1970ern kam es weltweit zu einer Stahlkrise, ausgelöst durch eine Überproduktion am europäischen Stahlmarkt. Im Meidericher Werk wurde die Produktion zurückgefahren. Nachdem bereits 1968 und 1970 als Rationalisierungsmaßnahmen zwei Hochöfen abgerissen worden waren, wurden Anfang der 1980er zwei weitere Hochöfen stillgelegt, 1985 der letzte, der erst 1982 neu aufgebaut worden war.

Was blieb, war viel graues Eisen und rostender Stahl. Eine kleine Bürgerinitiative setzte sich, entgegen den Abrissplänen, für den Erhalt der Stätte als Industriedenkmal ein. Im Rahmen der Internationalen Bauausstellung Emscher Park wurde ab 1988 mit den Planungen für einen Strukturwandel im Ruhrgebiet begonnen. Eines der 120 Projekte darunter war der Landschaftspark Duisburg-Nord. Das stillgelegte Hüttenwerk wurde erhalten, der Landschaftspark zu einem Frei- und Erlebnisraum gestaltet. Im ehemaligen Erzlagerbunker befindet sich heute der größte Outdoor-Klettergarten Deutschlands, im Hochseilgarten geht es in 55 m Höhe von einem Hochofen zum anderen, das ehemalige Gasometer dient als größtes Indoor-Tauchbecken Europas und die Kulturveranstaltungen vor der faszinierenden Kulisse sind über die Grenzen bekannt. Hautnah kann man die Geschichte der Roheisenproduktion auf dem industriegeschichtlichen Rundweg nachvollziehen. Und Hochofen 5 bietet sich als prima Fotospot an.

Einst waren die Industriestandorte die Lebensadern des Ruhrgebiets. Heute sind sie es als Industriedenkmäler inmitten grüner Oasen wieder.

Highlight am Wegesrand 27

Duisburg

Die Stadt an Rhein und Ruhr

Duisburg war seit jeher aufgrund der Lage am Zusammenfluss von Rhein und Ruhr als Hafenstandort von Bedeutung. Mehr denn je ist die Stadt mit dem größten Binnenhafen der Welt heute noch ein wirtschaftskräftiger Standort. Interessant und attraktiv ist aber auch der **Innenhafen**, der sich zu einem Vorzeigeprojekt der Stadtplanung entwickelte. Einst wurde hier Getreide umgeschlagen, mit dem Niedergang der Getreidemühlen Ende der 1960er-Jahre wurde es ruhig im Hafen. Unter Stararchitekt Sir Norman Foster wurde der Innenhafen ab Mitte der 1990er zu einem schicken Stadtquartier mit einem Mix aus nostalgischen Getreidespeichern und modernen Bauten, in dem sich viele Lokale angesiedelt haben. Wer angesichts der beiden Hafenkomplexe mehr über die Binnenschifffahrt erfahren möchte, sollte dem **Museum der Deutschen Binnenschifffahrt** einen Besuch abstatten, das Deutschlands größte Sammlung zur Schifffahrt auf Flüssen, Kanälen und Seen sein Eigen nennt.

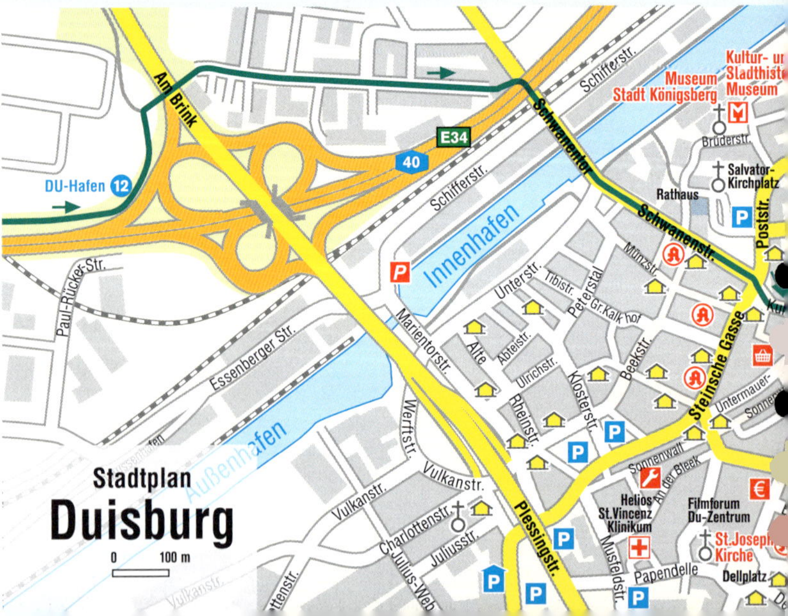

Blick in die Ausstellung des Museums der Deutschen Binnenschifffahrt

Langsam neigt sich die Tour auf dem Rheinradweg von Düsseldorf nach Duisburg dem Ende zu. Links an der Altstadt vorbei, wird der Duisburger Innenhafen über die Schwanentorbrücke überquert. Vor der Karl-Lehr-Brücke, die über die Ruhr und dann den Hafenkanal führen würde, geht es nach links. Auf der anderen Seite breitet sich das Areal des **Duisburger Hafens** aus – der größte Binnenhafen der Welt.

Container im Hafen

Wissenswertes im Gepäck

duisport

Der größte Binnenhafen der Welt

Der Duisburger Hafen ist mit einem Umschlagvolumen von unvorstellbaren 4,2 Millionen TEU (20-Fuß-Standardcontainern) der größte Container-Umschlagplatz weltweit und damit auch eine Logistikdrehscheibe für Europa. Das Areal umfasst 1.550 ha Fläche, 21 Hafenbecken, 8 Containerterminals mit 21 Containerbrücken, 5 Importkohleterminals und 19 Anlagen zum Flüssiggutumschlag. Über 51.000 Menschen

Als würdiger Abschluss geht es noch einmal zum Rhein, den man von Mainz bis Duisburg über 300 km begleitet hat, dorthin, wo die Ruhr, die Namensgeberin für die ganze Region und den Duisburger Stadtteil Ruhrort war, nach ihrer 220 km langen Reise einmündet. Hier vermischt sich nicht nur das Wasser, sondern auch das Ruhrgebietsflair mit seiner Bergbauromantik mit der gelassenen Atmosphäre des Niederrheins.

sind direkt oder indirekt über den Hafen beschäftigt. Als trimodales Güterverkehrszentrum bietet Duisburg Anbindung über den Wasserweg, Schiene und Straße. Jährlich werden über 20.000 Schiffe (davon 2.000 flussgängige Seeschiffe) und 25.000 Züge abgefertigt. Container, Stück- und Schüttgut werden von hier aus um die Erde transportiert. Über die Neue Seidenstraße ist der duisport per Schiene mit den größten Wirtschaftsstandorten Asiens verbunden. Der Transport dauert rund 12 bis 16 Tage und ist somit schneller als das Schiff und dabei kostengünstiger als der Lufttransport. Den besten Eindruck kann man sich vom Duisburger Hafen im Rahmen einer informativen Hafenrundfahrt machen, die von Ende März bis Ende Oktober stattfinden und durch die verschiedenen Hafenbecken, vorbei an imposanten Schiffen, Frachtkränen und Lagerhäusern, führen.

Die monumentale **Stele Rheinorange** bei Rheinkilometer 780 markiert das Ende des hier beschriebenen Abschnittes vom Rheinradweg. Die 1992 an der Ruhrmündung aufgestellte Stahlskulptur ist 25 m hoch, 7 m breit und 1 m tief – ihr Name „Rheinorange" bezieht sich auf den gewählten Farbton RAL 2004, genannt Rheinorange.

Essen, Trinken & Durchatmen

Ein kulinarischer Abzweig

Bürgerliche Küche, Zutaten frisch aus der Region und selbstgebrautes obergäriges Bier – das Gulasch Alt – findet man in der **Tonhalle Kaiserswerth**. Die gemütliche Gaststätte im historischen Kaiserswerth mit Terrasse bietet rheinische Ess- und Trinkkultur, Metthappen, Düsseldorfer Flöns, Eisbeinteller, Schweinshaxe oder Kasseler. Ideal als Begleitung zum frisch gezapften Gulasch Alt bzw. andersherum.

Tonhalle Kaiserswerth
Klemensplatz 7
40489 Düsseldorf-Kaiserswerth
Tel. +49 211 4051659
www.tonhalle-kaiserswerth.de

Wie wäre es zum Abschluss der Reise mit einem kulinarischen Ausflug in den Orient im **Café Kasbar**? Inhaberin Maike Müller hat keine arabische Wurzeln, hat sich aber von einem Freund aus Algerien in die orientalische Kochkunst einführen lassen und kocht im Café Kasbar seit über 25 Jahren arabisch, vorrangig vegan und vegetarisch, aber Fleischbeilagen sind auch zu haben.

Café Kasbar
Heerstraße 267-269
47053 Duisburg
Tel. +49 203 7398141
www.cafekasbar.de

Der Rheinradweg

Von Mainz nach Duisburg

Teil 2
Roadbook

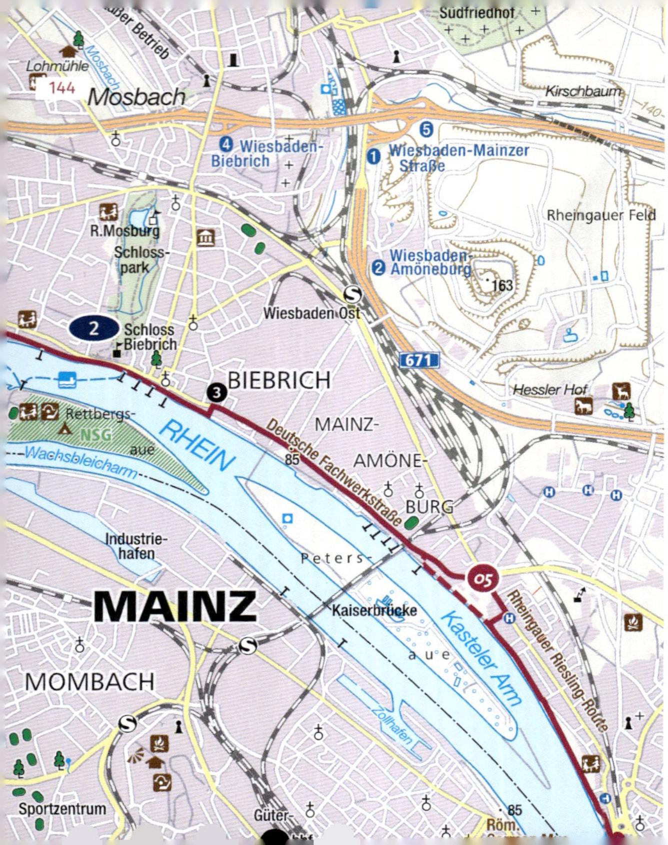

Start

❶ **Start** am Hauptbahnhof von **Mainz** → rechts auf Radweg → durch Unterführung → links auf Radweg entlang von *Große Bleiche* → Radübergang → rechts auf *Peter-Altmeier-Allee* → auf Theodor-Heuss-Brücke Rhein überqueren → rechts hinunter zum Rheinufer → vorbei am

❷ Museum Castellum → rechts zum Rheinufer → dort rechts dem Rhein folgen → *Eleonorenstraße* → rechts und gleich links auf *Biebricher Straße* →

❸ hinter alter Eisenbahnbrücke links zum Rheinufer → dem Rhein entlang zum **Schloss Biebrich** → dahinter links von *Hauptstraße* abzweigen →

Schloss Biebrich, Mosburg

MAINZ
MAINZ-
KOSTHEIM
GINSHEIM-
GUSTAVSBURG
GUSTAVSBURG
GINSHEIM
BRETZENHEIM
MARIENBORN
WEISENAU
LAUBENHEIM
Zahlbach
Main
RHEIN
Maaraue
Mainspitze
Güterbhf.
Hbf.
START
Röm. German.Mus.
Landesmuseum
Naturhistorisches Mus.
Theodor-Heuss-Brücke
Fastnachtsmuseum
Dom
Gutenberg-Mus.
Diözesanmus.
Holztor
MZ-Süd
Zitadelle
Museum für Antike Schifffahrt
Rettungsstation
Volkspark
Torturm
Aussichtsturm am Mainhafen
Floßhafen
Bruchwegstadion
Universität
Coface Arena
Pariser Straße
Wildgraben
Bergweg
Alte Ziegelei
Mainz-Hechtsheim-Ost
Mainz Weisenau
Mainz-Laubenheim
Mainz-West
Hechtsheim
Heilig Geist Gewann
Kreuz Mainz-Süd
Mainz ...nberg
Am Großberg
Kalkstein
Laubenheimer Höhe
Ginsheim-Gustavsburg
Ginsheimer
Rheinauen
Schiffsmühle
Mainspitz-Dreieck
Silbersee
Nonnenau

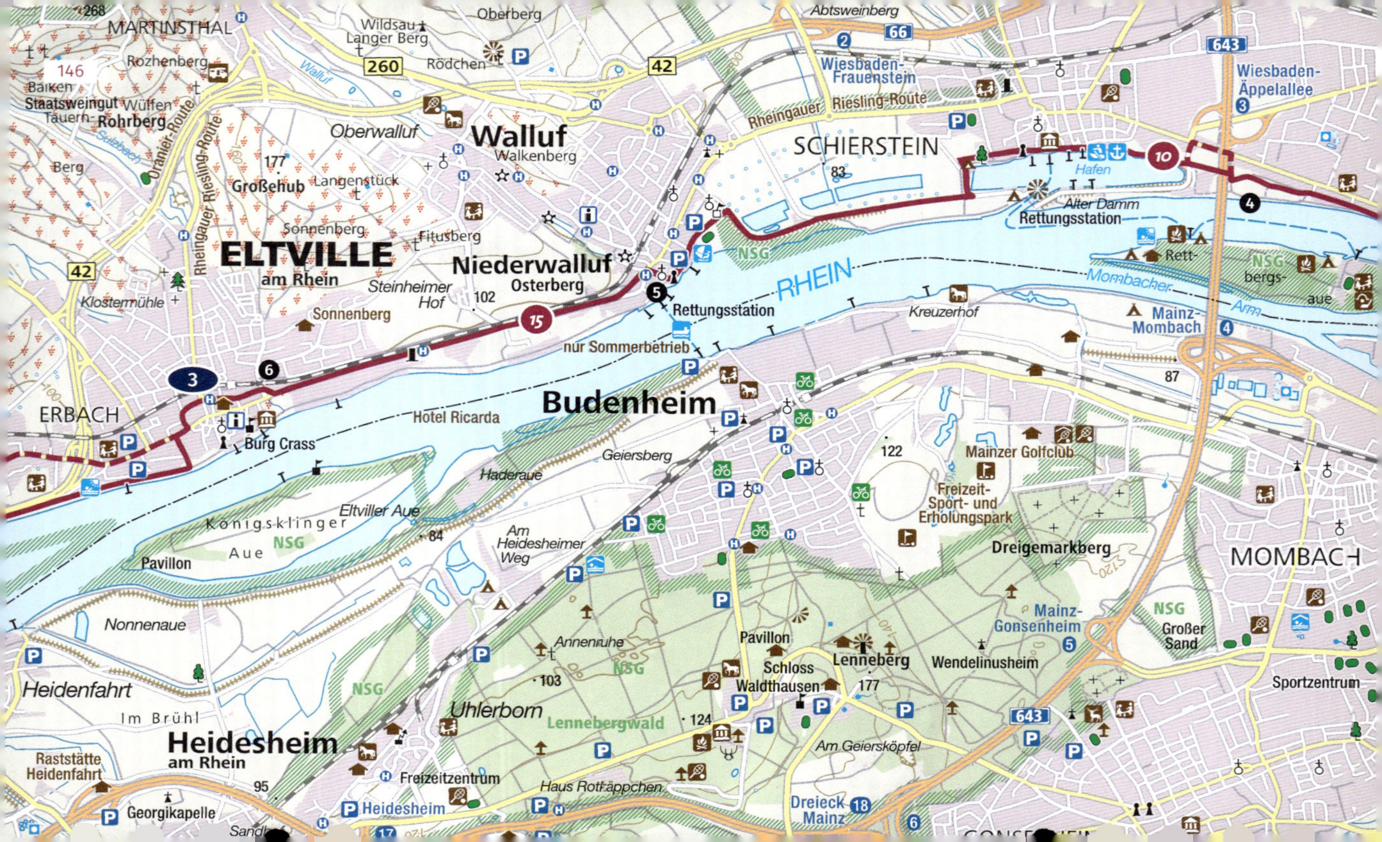
MARTINSTHAL
Rozhenberg
Balken
Staatsweingut Wülfen
Tauern-Rohrberg
Oranier-Route
Rheingauer Riesling-Route
Berg
Großehub
Langenstück
Sonnenberg
Fitusberg
ELTVILLE
am Rhein
Klostermühle
Sonnenberg
ERBACH
Burg Crass
Oberwalluf
Walluf
Walkenberg
Wildsau
Langer Berg
Oberberg
Rödchen
Niederwalluf
Osterberg
Steinheimer Hof
Rettungsstation
nur Sommerbetrieb
Hotel Ricarda
Budenheim
Geiersberg
Haderaue
Eltviller Aue
Königsklinger Aue
NSG
Pavillon
Nonnenaue
Am Heidesheimer Weg
Heidenfahrt
Im Brühl
Heidesheim
am Rhein
Raststätte Heidenfahrt
Georgikapelle
Freizeitzentrum
Heidesheim
Uhlerborn
Lennebergwald
Annenruhe
Haus Rotkäppchen
Pavillon
Schloss Waldthausen
Lenneberg
Am Geiersköpfel
Dreieck Mainz
Wendelinusheim
Mainz-Gonsenheim
Dreigemarkberg
Freizeit-Sport- und Erholungspark
Mainzer Golfclub
Kreuzerhof
RHEIN
Abtsweinberg
Wiesbaden-Frauenstein
Rheingauer Riesling-Route
SCHIERSTEIN
Hafen
Alter Damm
Rettungsstation
Rett-bergs-aue
Mombacher Arm
Mainz-Mombach
Wiesbaden-Äppelallee
MOMBACH
Großer Sand
Sportzentrum
268
177
102
83
84
87
95
103
122
124
177
260
42
66
643
2
3
4
5
6
10
15
18

weiter auf *Uferstraße* → links in Grünanlage →

❹ Autobahn unterqueren → am Schiersteiner Hafen rechts vorbei → links auf *Hafenstraße* → **Schierstein** → links und gleich rechts → vorbei am Wasserwerk → dahinter rechts und gleich links nach

❺ **Niederwalluf** → rechts auf *Kirchgasse* → links *Hauptstraße* → zwischen Bahngleisen und Straße nach

❻ **Eltville am Rhein** → rechts auf *Gutenbergstraße* und weiter über *Kiliansring* → Linksbogen → dann rechts auf *Matheus-Müller-Platz* → links auf *Matheus-Müller-Straße* → Am Rheinufer rechts → an Weggabelung vor Freibad links → dem Rhein folgen → **Erbach** →

❼ **Hattenheim** → hinter Campingplatz rechts → vor Bundesstraße links → vor Unterführung links → auf Leinpfad dem Rhein entlang →

Kulturufer Bingen, Alter Kran

vorbei am Oestricher Kran →

Schlenker nach Rüdesheim

1 an Fähre geradeaus → vorbei am Winkel → parallel zu B42 nach

2 **Geisenheim** → links weiter am Ufer halten → rechts zwischen Kläranlage und Hafen → nach Hafen links → vorbei am Sportplatz → vor den Bahngleisen links zum Ufer → nach

3 **Rüdesheim** → dort zwischen Bahn und Rhein weiter → auf Hauptroute mit Fähre von **Rüdesheim** nach **Bingen**

8 mit Fähre Rhein überqueren → **Ingelheim** → *Rheinstraße* → gleich rechts auf *In der Rheingewann* → rechts au Rheindamm → links, rechts und abermals links, rechts parallel der Autobahn →

9 in **Gaulsheim** rechts auf *Mainzer Straße* → gleich rechts auf *An den Rheinwiesen* → Linksbogen → abermals Linksbogen → am Campingplatz rechts → den Bahngleisen entlang → an Fähranleger vorbei → vorbei am Alten Kran → *Hindenburganlage* → *Museumsstraße* →

10 **Bingen/Ziel**

OESTRICH-
WINKEL
Schloss Vollrads
Eisenberg
130
Bürger-
zentrum
OESTRICH
Oestricher Kran
MITTELHEIM
WINKEL
Brentano-Scheune
Winkeler
Aue
NSG
RHEIN
Alte Sandlach
Selz
84
Biegen-
eck
INGELHEIM-NORD
83
Neumühle
Ingelheim-
West
15
85
Altes
Wasserhaus
Harter Au
Fulderaue
Altrhein
Natur-
schutz-
gebiet
Fetzer's Landhotel
82
30
E42
60
Sporkenheim
Sauerwiesen
Kuhried
Gans
Flutgraben
Rheinwelle
91
GAU-ALGESHEIM
Griesmühle
Naturschutzzentrum
Rheinauen
81
9
GAULSHEIM
KEMPTEN
Oblaten-
kloster
Rochus-
kapelle
Kirchberg
BINGEN
5
35
RHEIN
Rüdesheimer Aue
Ilmenaue
Echer Quelle
Hafen
4
81
RÜDESHEIM
am Rhein
Klosterlay
Krancher
ehem.
Kloster
Jagdschloss Niederwald
EIBINGEN
Magdalenenkreuz
Fuchsberg
Abtei
St. Hildegard
165
Blaubach
Mäurchen
Mückenberg
Riotheberg
Rotenberg
153
GEISENHEIM
Schön-
bornsche
Aue
94
42
42a
Mönchspfad
163
Kilzberg
Grund
Elstermühle
Klaus
182
Schloss
Johannisberg
Ankenmühle
Elsterbach
Weißmühle
Pforzheimer Mühle
Rheingauer Riesling-Route
144
JOHANNISBERG
Schwarzenstein
Schlossberg
Dachsberg
Ansbach
Schwemmbach
Schloss
Hansenberg
Hölle
Oster-
mühle
Weihermühle
Reußische
Mühle
Schlossheide
Schleifmühle
199
Brünnchen
Ketteler
Kapelle
Kloster
Marienthal
Antoniuskapelle
294
MARIENTHAL
Antoniuskapelle
Nothgottes
ehem.Kloster
Auf der
Heide
Nonnen-
mühle
Weilbspfad
NSG

Start

❶ **Bingen** → Radbrücke über Nahe → vorbei am Park am Mäuseturm → zwischen Bahngleisen und Rhein → am Ufer vorbei an der oberhalb gelegenen Burg Rheinstein →

❷ unterhalb von Burg Reichenstein vor Campingplatz links → gleich rechts weiter → nach

❸ **Trechtingshausen** → weiter zwischen Bahngleisen und Fluss → vorbei an Burg Sooneck (oberhalb gelegen) → **Niederheimbach** → weiter zwischen Strom und Gleisen nordwärts →

Kulturufer Bingen mit Burg Klopp

Trechtingshausen
Franzosenkopf
617
Palmkopf
229
Burg Reichenstein
Morgenbachtal
Klemenskapelle
Binger Stadtwald
Beilenstein
378
Ziemerkopf
384
Gerhardshof
Ohligsberg
311
Kletterfelsen
Burg Rheinstein
Schägleberg
432
Jagdhaus Lendershof
Kindererholungsheim
Kaiserkranz
Jägerhaus
Steckeschlääfer-Klamm
Veitsberg
390
Philosophenweg
Schweizerhaus
Historisches Altes Haus
Zollhof
Großer Rheinberg
Poßbachweg
Waldalgesheimer Wald
Entenpfühl
Kaltwassereiche
Rossel
495
Druidenberg
385
Am Kreuzberg
Bodmannstein
Heiligkreuz-Straße
Forsthaus Heiligkreuz
Wüstung Röm. Gutshof
Altes Kloster
343
Wochenendhäuser
Buchenhag
Mammutbaum
Jagdhaus Marbach
Frankenhemer
Römerstraße
Stöckert
387
Landwirtschaftshof
Amalienhöhe
Bellkreuz
Honigberg
BINGERBRÜCK
211
Rheinischer Sagenweg
Rheingauer Riesling-Route
Klemensgrund
79
78
Zweites Fuhrwasser
Binger Loch
40
Hörkopf
378
Bacharacher Kopf
342
Schafhof
St.-Vincenz-Stift
Marienhausen
Schneperflur
Staatsweingut
Eckersteinkopf
248
Alte Bauernschänke
ASSMANNSHAUSEN
Jagdschloss Niederwald
331
Tempelweg
Rittersaal
Zauberhöhle
Rossel
Ruine Ehrenfels
Lochsteine
Mäuseturm
Kulturufer
Bingen Stellwerk
Museum am Strom
Alter Kran
Start/Ziel
Basilika
Burg Klopp
Drususbrücke
BINGEN am Rhein
Rochusberg
158
Hospitalgut
Krausaue
Rhein. Sagenweg
Hafen
Nothgotteskopf
299
293
Horwitt
Hof Ebental
Landgut Ebental
Ebental-Sticherfeld
Ebental
312
Petershof
AULHAUSEN
NSG
Wochenendhäuser
318
An der Ulm Hochmauer
Allee
Große Niederwald
Am Niederwald
Rebenhaus
RÜDESHEIM am Rhein
Mittelalterliches Foltermuseum
Niederwalddenkmal
Ramstein
Brömserburg
Boosenburg

❹ **Rheindiebach** → hier links und gleich rechts weiter zwischen Rhein und Bahn → nach

❺ **Bacharach** → rechts der B9 weiter bis zum

❻ Fähranleger nach **Kaub** bzw. zur Burg Pfalzgrafenstein→ weiter nordwärts bis nach

❼ **Oberwesel** → vorbei am Campingplatz → vorbei am Hafen und dann dem Ochsenturm → weiter am Radweg neben der Straße →

Burg Pfalzgrafenstein

Jungewald
Staatsforst
Volkenbachtal
Wasserhaus
Schenkelbachtal
Nastätten
Burg Pfalzgrafenstein
6
LANGSCHEID
Engelsburg
Grube Rhein
Sauzahn
HENSCHHAUSEN
55
Pfalzblick
Kauber Werth
Wildes Gefährt
Rhein-blickhof
Lindenhof
Hofcafé Oldach
365
347
Gute Hoffnung
83
Niedertal
Bacharacher Werth
Heilesen Werth
Niedertal Kauber Blick
340
Scheibigkopf
BACHARACH
5
Obertal
NSG
Engweger Kopf
356
Wernerkapelle
Wahrschau
Mönchholzkopf
Burg Stahleck
305
76
Schlossberg
Nauheim
STEEG
Röm. Wagenspuren
LORCHHAUSEN
331
RHEIN
Neurath
Rabenkopf
395
9
310
Römerstraße
Medenscheid
Berghof
4
391
Ruine Fürstenberg
50
Rheindiebach
Winzberg
295
Petersackerhof

Kestert
Hahnberg
Rheinburgenblick
Krone
Oberkestert
Pulsbach-klamm
HIRZENACH
Sonnenhof
Europakanzel
RHEINBAY
Rheingold-straße
Ludwigsruh
Karbach
HOLZFELD
Wochenend-häuser
Ehrenthaler Werth
Gute Hoffnung
Prinzen-stein
FELLEN
Weinhotel Landsknecht
Forsthaus Brandswald
Brandswald
Boxbergerhof
Peterhof
Rheingoldstraße
Gustav-schacht
Schützenkopf
Schiefer
Jagdhaus Steffens
Kieslei
Staatsforst
Frankscheid
Dachskaul
Amerika
Marienhof
Hartenberg
Auf der Schanz
WERLAU
Gründelbach
Burg Rheinfels
ST. GOAR
Start/Ziel
Hilgert
BIEBERNHEIM
Biebernheimer
Hahnenstücken
Quetsche-hannes
An der Loreley
Bank
Loreley
Loreleyblick
Siedlung Loreley
HEIDE
Hotel Christian
Burg Katz
ST. GOARSHAUSEN
Rheinblick
Patersberg
Hasenberg
Schlaadt
Mühlenbauer Maus
Lierschied
Kadrich
Hasenbachtal
Reielsbaum
Mühle Braun
Gutemühle
Zimmermannmühle
Saueressigsmühle
Ströbelsmühle
Nochern
Auf der Brunke
Loreley-Burgen-Str.
Wellmicher Bachtal
Nonnenwerthermühle
Scharfeckermühle
Nesselrothermühle
Burg Maus
Wellmich
Rheinischer Sagenweg
Auguststollen
Zechenhaus
Heumarkspfortermühle
Ehrenthal
RHEIN
Weilerbach
Pulsbach
Thalbach
Seelenbach
Gründelbach
Hafen

Weinberge nahe der Loreley

❽ **An der Loreley** →

❾ **St. Goar/Ziel**

Schlenker nach St. Goarshausen

1. mit der Fähre von **St. Goar** nach
2. **St. Goarshausen** →
   retour auf demselben Weg

Schlenker zum Loreleyfelsen

1. mit der Fähre nach
2. **St. Goarshausen** → dort rechts Richtung **Bornich** bis zum
3. **Loreley-Hafen** → dort zu Fuß über ca. 400 Stufen hinauf auf den Loreleyfelsen
   retour auf demselben Weg

Start

❶ **St. Goar** → auf Radweg immerzu rechts der Bahn und der Bundesstraße bzw. links des Rheins entlang bis nach

Kalmut
320
Elfenlay
203
Sabelskopf
Vorderburden
315
Burdental
Pfeiffersberg
BOPPARD
Hbf.
Archäolog. Park
St.-Severus-K.
Stadtmuseum/ Kurfürstl. Burg
80
3
42
9
67
225
Kreuzberg
234
Sabelsberg
328
Ruhe-wald
Drei Eichen
Fraubachtal
Im Kreuz
Grapenhof
258
Klause
Bruder-Michels-Tal
Hunsgalgen
Konsulsruh
Heller-wald
418
265
Runde Buche
Mittelbachtal
Hochstiebel
Kratzenburger Marktbuche
298
Gebrannter Wald
Pütz
221
Eisen-bolz
Eisenberg
Thonetshöhe
219
Altlei
202
BUCHENAU
Rheingoldstraße
156
Hellerwald
61
E31
423
Engelrödchen
Römerstraße
Hunsrückbahn
447
Hp. Fleckertshöhe
439
Staatsforst
Deutsche Alleenstraße
Oberforst
Boppard
483
Forsthaus Kolbenstein
Müllerberg
407
Götzekopf
489
465
503
Giebel
232
NSG Hintere Dick
243
190
Sauerbrunnen
Mittelrheinklinik
Mittelstental
Nächstental
Hoch ei
Haus Trift
Fleckertshöhe
530
323
Kamp-
-Bornhofen
Pfählsberg
292
315
Bornhofer Berg
319
Wilhelmshöhe
Salzig
306
Ruine Burg Sterrenberg
Burg Liebenstein
69
75
BAD SALZIG
2
67
75
70
193
Salzbornhöhe
Ziehbach
Haus Rheinberg
Klopp
291
WEILER
Prohl
315
205
Weilerbach
Schlaadt
9
Domäne Marienberg
Landsberg
231
Hermannsberg
289
Kamper
304
Nonnenheck
304
Heiligenbach
Oster-spaier Wald
Wormser Berg
361
397
321
Wald
Jagdhaus in der Grube
Dreispitz
372
Am Sterkopf
Gebücksheck
Langhecker Kopf
Eisenbach
Bornhofener Bach
Wald
Knottenberg
363
Loreley Burgenstraße
Gutenbach
315
Lykershausen
Rheinischer Sagenweg
349
Bürgerlei
337
Hollmerich
Weimersberg
Haus Rheinschifffahrt
Wöhrsbach
Meisenkopf
326
Hindenburg-höhe
Prath
Lauborn
202
Kestert

Weinreben am Bopparder Hamm

Bad Salzig → weiter auf dem Radweg neben dem Fluss bis nach

❸ **Boppard** →

Lohnenswerter Schlenker zur Marksburg

1 in **Boppard** mit der Fähre über den Rhein übersetzen → links auf Radweg auf der rechten Rheinuferseite an der Bundesstraße entlang durch

2 **Filsen** → weiter nach

3 **Osterspai** → hier auf Rheinuferstraße weiter → am Ortsende weiter auf Radweg rechts des Rheins bis nach

4 **Braubach** → hinter dem Kriegerdenkmal rechts die Gleise unterqueren → Barbarakirche passieren und in die Altstadt. Nun entweder zu Fuß durch den Wald hinauf zur Marksburg oder mit dem Fahrrad links in die Karlstraße → rechts in *Oberalleestr.* → *Brunnenstr.* und rechts halten in die *Dachsenhäuser Str.* → erste rechts in *An d. Alten Burg* und wieder rechts halten zur

5 **Marksburg** →

wieder auf selbem Weg zum Rhein → rechts durch **Braubach** → links von Bundesstraße abzweigen → durch Unterführung → über Vorfahrtsstraße → an *Adolfstraße* links → nach

6 **Lahnstein** → Brücke über die Lahn → dahinter links → der Lahn und dann dem Rhein entlang → rechts → links auf *Didierstraße* → vor der Brücke links → Rechtsbogen → links Radweg → nach Rechtsbogen wieder am Rhein → unter Koblenzer Südbrücke → links auf Straße → links auf Radweg

7 über Horchheimer Brücke wieder zur Hauptroute

am Ortsende von **Boppard** an Kreuzung rechts Radweg → große Rheinschleife vorbei am Bopparder Hamm nach

❹ **Spay** → dort rechts halten → dem Rheinufer entlang →

❺ **Rhens** → vorbei am Scharfen Turm → hinter Schiffsanleger weiter auf oberem Rheinuferweg → vorbei am Königsstuhl → weiter dem Rhein entlang nach

❻ **Stolzenfels** → flussseitig weiter →

❼ Koblenzer Südbrücke und Eisenbahnbrücke unterqueren →

Königsstuhl Rhens

Waldesch
Rhenser Wald
Mühlental
Eisenberg
Königsstuhl
Viktor-Jaeger-Stiftung
Oberste
Mittelste
Unterste
Mühle
Weltfriedenskreuz
Wolfsdelle
RHENS
Scharfer Turm
Im Einmuth
Route der Rheinromantik
Hofgut von Bissingen
Schacht Königstiel
Pickert
BRAUBACH
Hartenfels-Mühle
Helberstiel
Blei- u. Silberhütte
Marksburg
Philippsburg
Pankert
Braubacher
An der alten Burg
Martinskapelle
Mühlbach
Kanal
Kriesenkopf
Mönchsdelle
Kieselberg
Kronenhof
Langackerberg
Lauberbach
Pfaffenwäldchen
Sauerbrunnen
Brey
Rheingoldstraße
Tillbach
Auf der Ahr
Ahrbach
Lendersbach
Sollig
Römische Wasserleitung
Fischteiche
Breyerbach
Christkopf
Tillkopf
Muttergotteskopf
Schauren
Krieserkopf
Lange Delle
Jugendzeltplatz
Breyer Wald
Siebenborn
Nieder-Spay
Spay
Petersberg
Alter Posthof
Ober-
Haus Peterspay
Rheinischer Sagenweg
Rhein-Stadtwald
höll
Dinkholdermühlen
Ruhewald
Eichenallee
Hedwigseiche
Schleifheck
Friedrichsloch
Petersbach
Golfhotel Jakobsberg
Jakobskapelle
Ohlenberg
Mandelsteinhütte
Bopparder Hamm
Engelseiche
Fessershöh
Kohlberg
Schlaningtal
Grubental
Ewigbach
Vierseenblick
Gedeonseck
Hirschkopf
Mühltal
Kalmut
Peternach
RHEIN
Deutsche Alleenstraße
Mehlpuddel
Filsen
Osterspai
Auf der Schottel
Das enge Thürchen
NSG
Liebeneck
Hexenköpfel
Kippel
Heiligenbach
Filsener Ley
Domäne Marienberg
Dinkholderberg
Grendling
Osterspaier
Wasenbach
Saalborn
Dinkholderbach
Grubling

❾**Koblenz**, Ortsteil Oberwerth → am *Beethovenplatz* links → am *Mozartplatz* halb rechts auf *Mozartstraße* → Brücke → dahinter rechts → am Ufer entlang → vorbei am Kurfürstlichen Schloss → *Konrad-Adenauer-Ufer* →vorbei an Talstation der Seilbahn Richtung Deutsches Eck

❿**Koblenz/Ziel**

Start

❶**Koblenz** → vor dem Deutschen Eck zwei Mal nach links → *Peter-Altmeier-Ufer* → links auf *Kornpfortestraße* → rechts *Auf der Danne* → *Florinsmarkt* → *Burgstraße* → rechts über Moselbrücke →

❷Koblenz, Ortsteil Lützel → rechts auf *Gartenstraße* → links auf *Neuendorfer Straße* → rechts auf *Schartwiesenweg* → am Rheinufer weiter durch den Ortsteil Neuendorf →

❸am Ende des Radwegs auf Höhe der Insel Niederwerth links → auf *Fritz-Ludwig-Straße* → rechts auf *Hans-Böckler-Straße* → rechts auf *Carl-Spaeter-Straße* → links

Eine andere Perspektive auf das Deutsche Eck, Koblenz

auf *Kurfürst-Schönborn-Straße* → rechts auf Radweg am Rhein

4 Autobahnbrücke unterqueren →

Lohnenswerter Schlenker zum Kulturpark Sayn

1 über separaten Radweg der Autobahnbrücke den Rhein überqueren → dahinter in Schleife Autobahn unterqueren → auf Eisenbahnstraße links → links auf *Vallendarer Straße* → weiter über *Hauptstraße* → *Koblenz-Olper-Straße* → rechts auf *Schlossstraße* → zum

2 **Kulturpark Sayn**

retour auf demselben Weg

hinter Autobahnbrücke am Ufer weiter nach **Kaltengers** → *In der Obermark* → *Rheinuferstraße* → unter Eisenbahnbrücke hindurch → am Ufer vorbei an **Urmitz** → vorbei am Sportplatz

5 nach **Weissenthurm** → Rheinbrücke unterqueren →

6 vor dem Hafen links auf Ostkai → Gleise überqueren → rechts auf Hafenstraße → links auf *Hans-Julius-Ahlmann-Straße* →

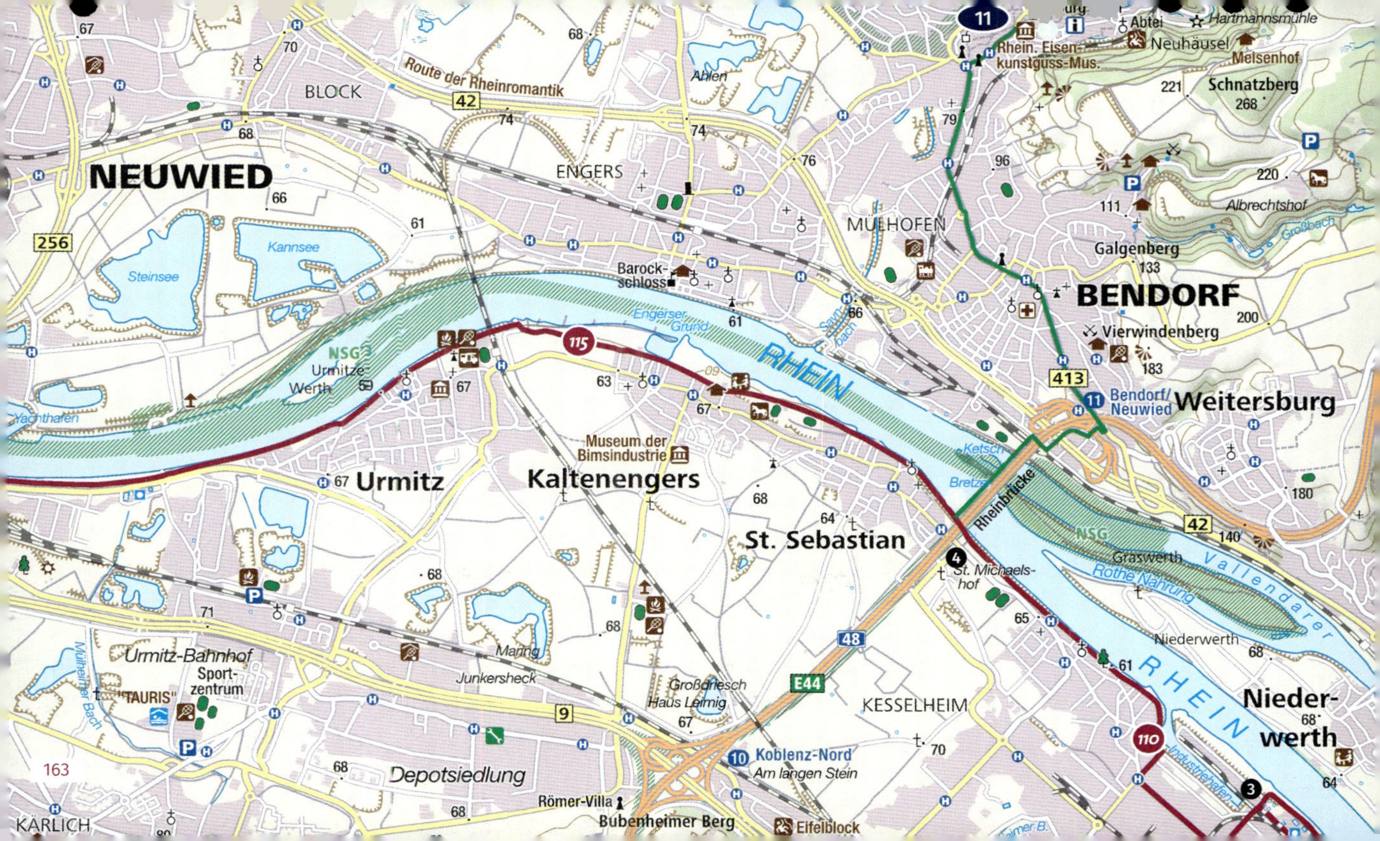
NEUWIED
BLOCK
Route der Rheinromantik
ENGERS
Ahlen
MÜLHOFEN
BENDORF
Weitersburg
Bendorf/ Neuwied
Vierwindenberg
Galgenberg
Schnatzberg
Albrechtshof
Großbach
Meisenhof
Neuhäusel
Hartmannsmühle
Abtei
Rhein. Eisen-kunstguss-Mus.
Kannsee
Steinsee
Yachthafen
NSG
Urmitzer Werth
Engerser Grund
Barock-schloss
RHEIN
Sayn-bach
Ketsch
Bretze
Rheinbrücke
Graswerth
Rothe Nahrung
Vallendarer
Niederwerth
Nieder-werth
Industriehafen
Urmitz
Kaltenengers
Museum der Bimsindustrie
St. Sebastian
St. Michaels-hof
KESSELHEIM
Koblenz-Nord
Am langen Stein
Eifelblock
Bubenheimer Berg
Römer-Villa
Depotsiedlung
Großdriesch
Haus Leimig
Maring
Junkersheck
Urmitz-Bahnhof
Sport-zentrum
"TAURIS"
Mülheimer Bach
KÄRLICH
256
42
413
48
E44
9
11
115
110
10
4
3

rechts auf straßenbegleitenden Radweg zur *Koblenzer Straße* weiter nach

❼ **Andernach** → an Stadtmauer rechts auf Hindenburgwall → links auf Radweg parallel zur *Konrad-Adenauer-Allee* → rechts auf Radweg dem Rheinufer entlang weiter → vor Alter Krahnen links → Bahngleise unterqueren → am Hang entlang weiter durch

❽ **Namedy** → vorbei an Burg Namedy → rechts unter Bahnunterführung durch → weiter zwischen Bundesstraße und Bahngleisen →

❾ am Bahnhof Brohl links → gleich wieder rechts → Brücke unterqueren → rechts → an Kreuzung links Bahn unterqueren → dahinter rechts vorbei an

❿ Burg Rheineck (liegt oberhalb) →

Feld-
kirchen
Römerturm
238
Römertürme
Chur-
busch
Oestbich
343
121
Mühlbach
Gebranntehof
Jakobshof
Bachhof
Hubertusburg 272
Masienborn
Hs. Haselberg
Brombeerschenke
Wasserpark
Kehlbach
Eckerhof
NSG
81
FELDKIRCHEN
Wollendorf
Leutesdorf
Marien-
burg
Hüllenberg
150
Gönnersdorf
Namedyer
Werth
12
Kloster Leutesdorf
Geysir
Andernach
Windhausen
130
92
Zolltor
Fahr
NAMEDY
Stadtwald
Deutsche Limesstraße
Alter Krahnen
56
Bollwerk
209
Hafen
Krahnenberg
Parkhotel
Andernach
Villa am
Rhein
Stadtmuseum
125
7
ANDERNACH
Marienstätterhof
Mohlenhof
KandiTurm
65

Alter Krahnen, Andernach

UNKELBACH
Haus Oberwinter
Unkelbrücker-
mühle
Haus Ernich
Dungkopf
238
Herresberg
95
Kupfer
236
Goldgrube
Calmuth
Schloss
Marienfels
Zur Traube
W.-Brandt-
Forum
Gefängnis-
turm
UNKEL
Stuxhöhe
Hähnerbach
Bruchhausen
Kasbach
Kasbachtalbahn
(Radtransport kostenlos)
Weidenstück
Obererl
Untererl
Heidscheid
St. Severinsberg
201
Burg Vilzelt
201
Orsberg
Basalt
Heister
NSG
Erpel
9
150
Apollinariskirche
Römisches
Museum
Friedensmuseum
Brücke von
Remagen
Erpeler Ley
191
Gaststätte
Bergesruh
Erpeler-Ley-
Plateau
-Ohlenberg
Auf der Höh
Kasbach-
Ockenfelser Bach
Start/Ziel
Route der Rheinromantik
Ockenfels
Blumenau
Sternberg
106
136
Burg
Ockenfels
Linz-
hausen
Scheidskopf
280
Am Scheidskopf
Auf
Straußenfarm
Plattborn
Blankerts Hohlweg
Kapellenhof
1
13
Pinger
13
REMAGEN
Schwarze
Madonna
RheinAhrCampus
RHEIN
LINZ
am Rhein
Forsths. Erlenbusch
Fronhof
Lützelbach-
hof
Hubertushof
Golf- und Landclub
Bad Neuenahr
Wolfskeller
Büschmarhof
Route der Rheinromantik
Hagelkreuz
Alte Straße
St. Martin
Burg
Linz
Berkenhof
Kaiserberg
174
Landskronerhof
Köhlerhof
KRIPP
Oberstental
Haus Schwalbenberg
Reisberg
192
BAD
BODENDORF
Maravilla
Schefferhof
198
Röm. Siedlung
Lohrsdorfer Kopf
186
145
12
Dt. Limes-Str.
266
Ehrenfriedhof
NSG
Wallen
Godenhaus
Ahr
Schmitz-
mühle
9
42
Ehrenfriedhof
SINZIG
Dattenberg
Giersberg
182

am Vinxtbach rechts → Bahn und Bundesstraße unterqueren → links wieder dem Rhein entlang → vorbei am Fähranlieger →

⓫ **Bad Breisig** → durch Fußgängerzone vom Rad absteigen → vorbei an Anlegestelle → weiter dem Rhein entlang

⓬ Brücke über Ahr → durch **Kripp** → vorbei an Fähranleger →

⓭ **Remagen/Ziel**

Start

❶ **Remagen** → durch Fußgängerzone vom Rad absteigen → dann weiter auf Radweg am Rhein entlang zwischen Bahngleisen und Fluss nordwärts → unter Bundesstraße hindurch → rechts auf Radweg →

❷ **Oberwinter** → vor Hafen links → am Yachthafen → *Bonner Straße* → rechts zum Ufer →

❸ **Rolandseck** →

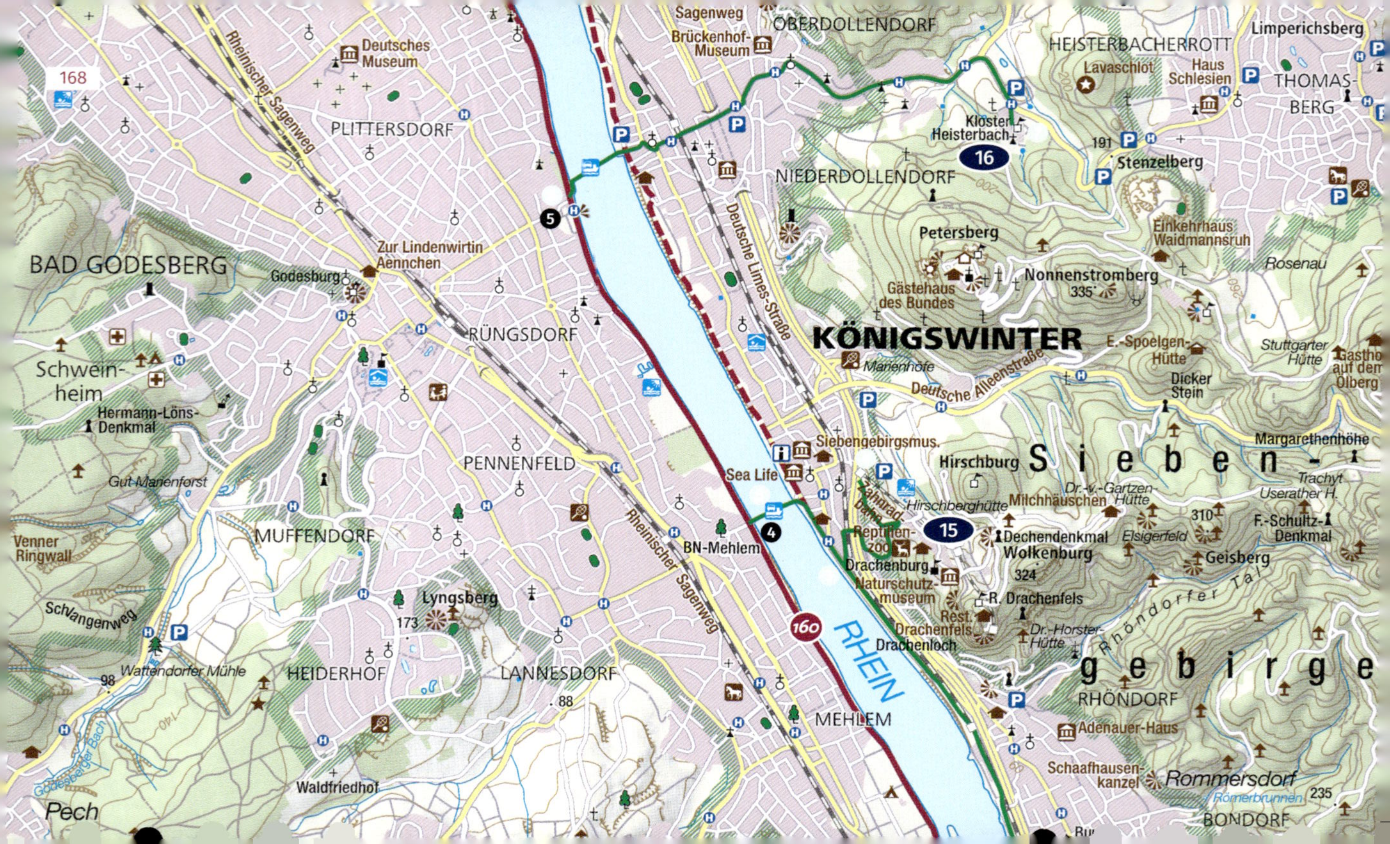
Siebengebirge
KÖNIGSWINTER
RHEIN
BAD GODESBERG
PLITTERSDORF
RÜNGSDORF
PENNENFELD
MUFFENDORF
HEIDERHOF
LANNESDORF
MEHLEM
BN-Mehlem
OBERDOLLENDORF
NIEDERDOLLENDORF
HEISTERBACHERROTT
THOMAS-BERG
Limperichsberg
RHÖNDORF
BONDORF
Rommersdorf
Schwein-heim
Pech
Deutsches Museum
Rheinischer Sagenweg
Zur Lindenwirtin Aennchen
Godesburg
Hermann-Löns-Denkmal
Gut Marienforst
Venner Ringwall
Schlangenweg
Wattendorfer Mühle
Godesberger Bach
Waldfriedhof
Lyngsberg
173
98
88
140
Sagenweg
Brückenhof-Museum
Deutsche Limes-Straße
Lavaschlot
Haus Schlesien
Kloster Heisterbach
16
191
Stenzelberg
Petersberg
Gästehaus des Bundes
Einkehrhaus Waidmannsruh
Rosenau
Nonnenstromberg
335
E.-Spoelgen-Hütte
Stuttgarter Hütte
Gastho auf dem Ölberg
Marienhöfe
Deutsche Alleenstraße
Dicker Stein
Siebengebirgsmus.
Sea Life
Hirschburg
Margarethenhöhe
Trachyt
Userather H.
Dr.-v.-Gartzen-Hütte
Milchhäuschen
Hirschberghütte
Zahnrad-bahn
Reptilien-zoo
15
Dechendenkmal
Wolkenburg
Elsigerfeld
310
F.-Schultz-Denkmal
Geisberg
324
Drachenburg
Naturschutz-museum
R. Drachenfels
Rest. Drachenfels
Drachenloch
Dr.-Horster-Hütte
Rhöndorfer Tal
Adenauer-Haus
Schaafhausen-kanzel
Römerbrunnen
235
160
4
5

Lohnenswerter Schlenker zu Schloss Drachenburg

❶ **Rolandseck** → mit der Fähre übersetzen → links auf *Lohfelder Straße* → Rheinpromenade → weiter auf Radweg durch

❷ **Bad Honnef** → an Bahngleisen entlang → **Rhöndorf** → Zum Steinchen → links über Gleise →

❸ **Königswinter** → noch vor der Fähre rechts → *Steinmetzstraße* → in Rechtsbogen auf *An der Helte* → vor Bundesstraße scharf links weiter → B42 unterqueren →

❹ **Talstation Drachenfelsbahn** → mit der Bahn zu Schloss Drachenburg →

retour zur Hauptroute wieder zum Rhein → und unweit davon mit Fähre nach

❺ **Bonn-Mehlem** übersetzen

vom Rolandseck am Radweg der B9 entlang → Rolandswerth → vorbei am Campingplatz → weiter am Rhein →

❹ **Fähranleger Bonn–Mehlem–Königswinter** →

❺ **Bad Godesberg** Fähranleger

Bundeskunsthalle Bonn

Lohnenswerter Schlenker zu Kloster Heisterbach

6 **Bad Godesberg** mit Fähre übersetzen nach **Königswinter** → *Fährstraße* → rechts auf *Hauptstraße* → links auf *Heisterbacher Straße* → direkt bis zum

7 **Kloster Heisterbach**
retour auf demselben Weg

vom Fähranleger **Bad Godesberg** weiter dem Rhein entlang →

8 Konrad-Adenauer-Brücke unterqueren → *Stresemannufer* → vorbei an Villa Hammerschmidt → Kennedybrücke

8 **Bonn/Ziel**

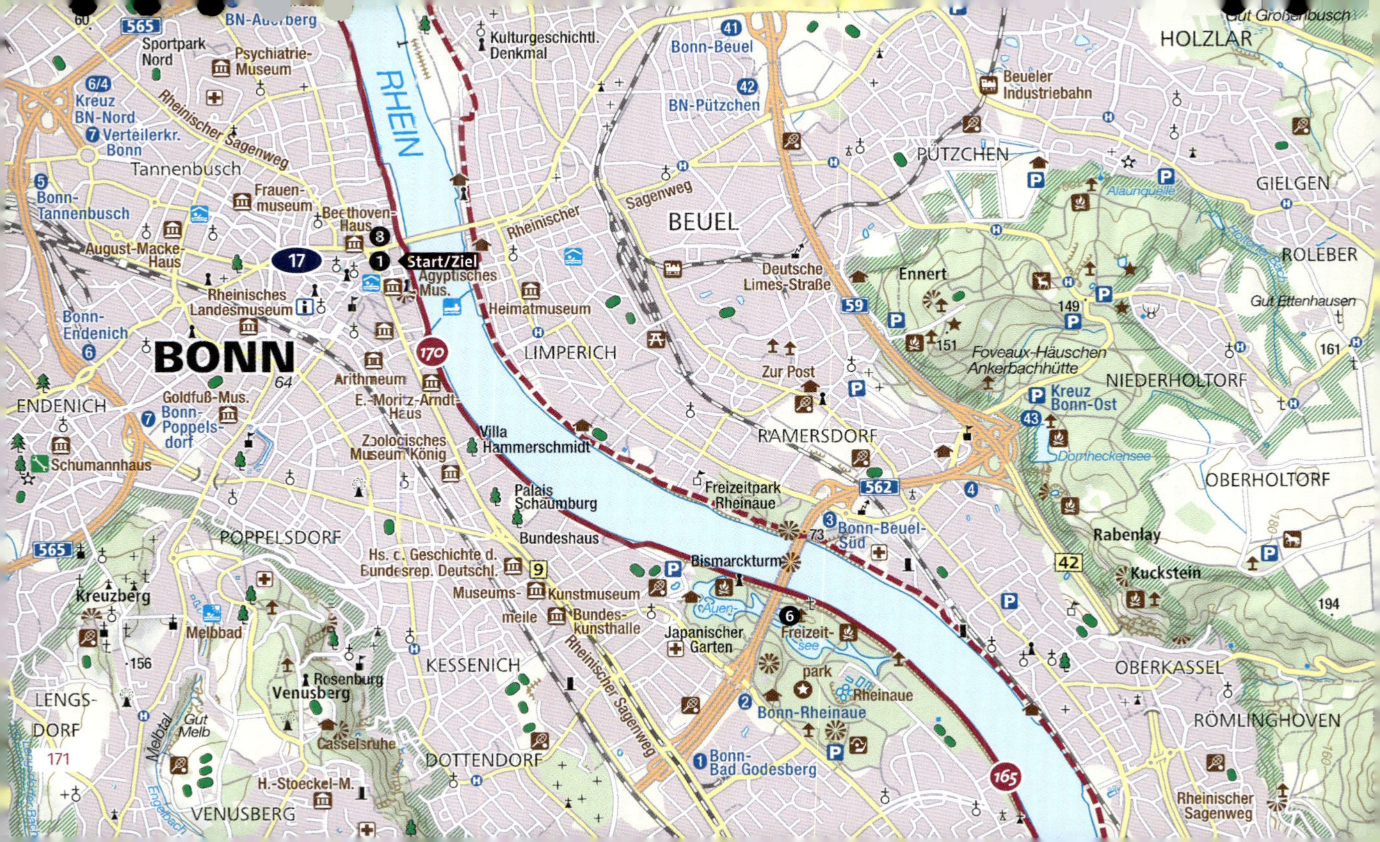
BONN
RHEIN
Start/Ziel
BEUEL
HOLZLAR
PÜTZCHEN
GIELGEN
ROLEBER
Gut Großenbusch
Gut Ettenhausen
NIEDERHOLTORF
OBERHOLTORF
OBERKASSEL
RÖMLINGHOVEN
RAMERSDORF
LIMPERICH
ENDENICH
POPPELSDORF
KESSENICH
DOTTENDORF
VENUSBERG
LENGS-
DORF
Tannenbusch
Sportpark
Nord
Psychiatrie-
Museum
Kulturgeschichtl.
Denkmal
Bonn-Beuel
BN-Pützchen
BN-Auerberg
Kreuz
BN-Nord
Verteilerkr.
Bonn
Bonn-
Tannenbusch
Rheinischer Sagenweg
Frauen-
museum
Beethoven-
Haus
August-Macke-
Haus
Rheinisches
Landesmuseum
Ägyptisches
Mus.
Heimatmuseum
Bonn-
Endenich
Arithmeum
E.-Moritz-Arndt-
Haus
Goldfuß-Mus.
Bonn-
Poppels-
dorf
Schumannhaus
Zoologisches
Museum König
Villa
Hammerschmidt
Palais
Schaumburg
Bundeshaus
Hs. d. Geschichte d.
Bundesrep. Deutschl.
Museums-
meile
Kunstmuseum
Bundes-
kunsthalle
Rheinischer Sagenweg
Japanischer
Garten
Bismarckturm
Auen-
Freizeit-
see
park
Rheinaue
Bonn-Rheinaue
Bonn-
Bad Godesberg
Freizeitpark
Rheinaue
Bonn-Beuel-
Süd
Rheinischer
Sagenweg
Deutsche
Limes-Straße
Zur Post
Beueler
Industriebahn
Alaunquelle
Ennert
Foveaux-Häuschen
Ankerbachhütte
Kreuz
Bonn-Ost
Dornheckensee
Rabenlay
Kuckstein
Holtorfer Bach
Kreuzberg
Melbbad
Rosenburg
Venusberg
Casselsruhe
H.-Stoeckel-M.
Gut
Melb
Melbtal
Engelbach
Lengsdorfer Bach
Rheinischer
Sagenweg
565
562
59
42
41
42
43
17
170
165
6/4
60
64
73
149
151
156
161
180
194
1
2
3
4
5
6
7
8
9

Bonn

Start

❶ **Bonn** → Kennedybrücke → *Moses-Hess-Ufer* → hinter den Römerbad links →

❷ rechts Autobahnbrücke unterqueren → vorbei an Kläranlage → *Karl-Legien-Straße* → zwei Mal rechts halten Richtung Rheinufer → vorbei am Fähranleger Mondorf-Graurheindorf →

❸ vor dem Sportplatz links → **Hersel** → weiter am Rhein entlang → **Widdig** → immer am Rheinufer → **Urfeld** → **Wesseling** →

❹ nach dem Schiffsanleger links auf Uferstraße → rechts auf *Kölner Straße* → links auf *Mühlenweg* → am Kreisverkehr rechts auf *Theodor-Heuss-Straße* →

❺ Ampelkreuzung geradeaus

Lohneswerter Schlenker zu den Schlössern Brühl

❶ Ampelkreuzung rechts → auf *Brühler Straße* → Autobahn unterqueren → dieser folgen →

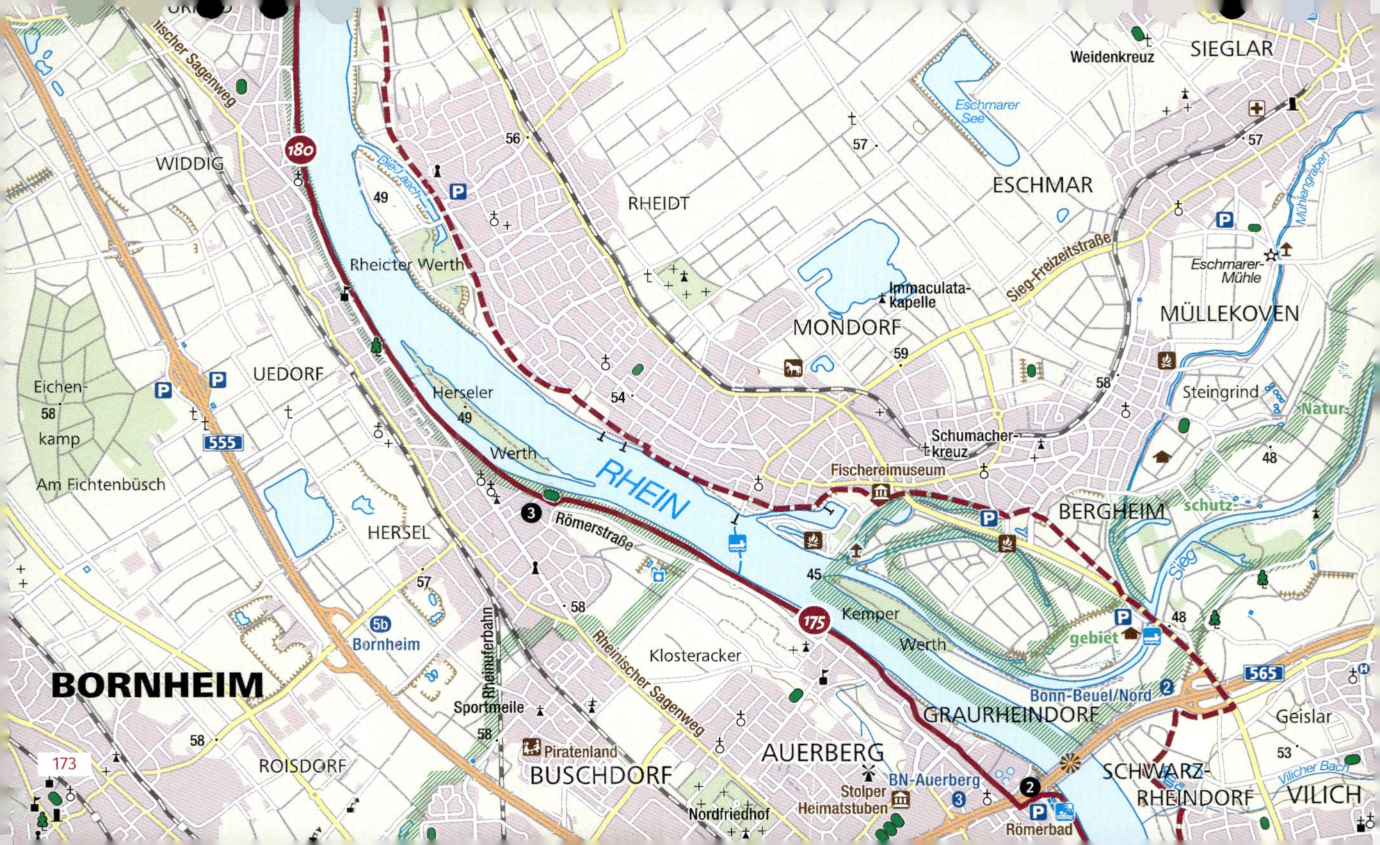

SIEGLAR
Weidenkreuz
Eschmarer See
ESCHMAR
57
RHEIDT
56
WIDDIG
Sieg-Freizeitstraße
Eschmarer-Mühle
Mühlengraben
MÜLLEKOVEN
Immaculata-kapelle
MONDORF
59
58
Steingrind
Natur-
schutz-
gebiet
48
Schumacher-kreuz
Fischereimuseum
BERGHEIM
Sieg
Die Laach
49
Rheicter Werth
Herseler
Werth
54
RHEIN
45
Kemper
Werth
UEDORF
Eichen-
kamp
Am Fichtenbüsch
555
HERSEL
Römerstraße
Klosteracker
Rheinischer Sagenweg
5b
Bornheim
Rheinuferbahn
Sportmeile
Piratenland
BUSCHDORF
BORNHEIM
ROISDORF
AUERBERG
Stolper Heimatstuben
BN-Auerberg
Nordfriedhof
GRAURHEINDORF
Bonn-Beuel/Nord
565
Geislar
53
SCHWARZ-RHEINDORF
VILICH
Vilicher Bach
Römerbad
175
180

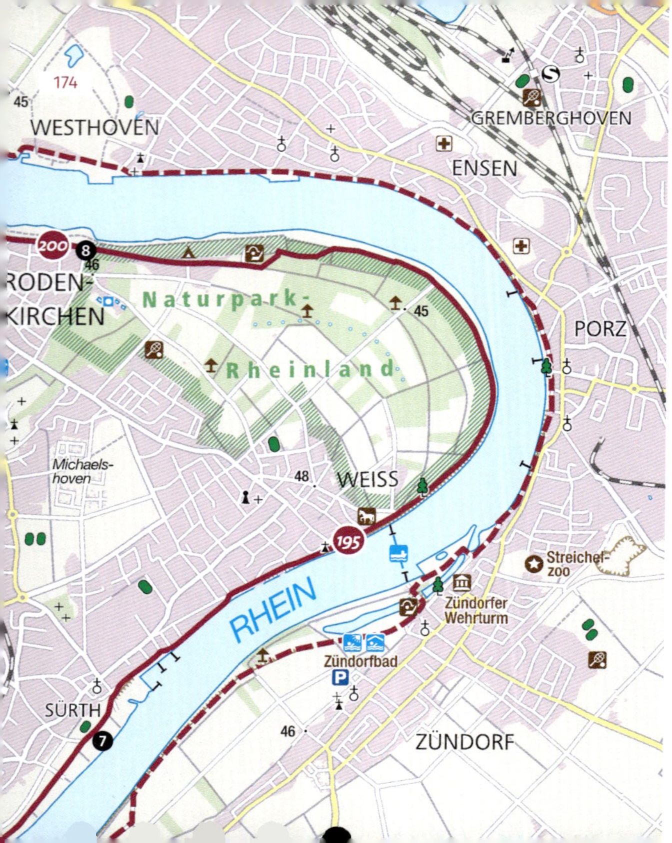

❷ abermals Autobahn unterqueren → weiter auf *Rheinstraße* →

❸ nach Kreuzung der Bahngleise links →

Schlösser Brühl

retour auf demselben Weg

von der Ampelkreuzung weiter auf straßenbegleitenden Radweg weiter zunächst der *Theodor-Heuss-Straße*, später *Industriestraße* → Bahnunterführung →

❻ in Schleifen abermals Bahn queren und wieder zurück zum Rheinufer → dort weiter →

❼ **Sürth** → **Weiss** → Bogen des Rheins mitvollziehen → entlang dem Naturpark Rheinland → links und rechts auf *Uferstraße* → vorbei am Campingplatz →

❽ **Rodenkirchen** →

BRÜHL
WESSELING
GODORF
LANGEL
LÜLSDORF
RANZEL
BERZDORF
KELDENICH
SCHWADORF
URFELD
RHEIN
Langeler Mühle
Godorfer Mühle
Godorf
Godorfer Burg
Keramik-mus.
Max Ernst-Museum
UNESCO Welterbeschloss Augustusburg
UNESCO Welterbeschloss Falkenlust
Palmersdörfer Hof
Kieswerk Lorenzhof
Dickopshof
Burg Schalle
Brühl
Rochus-kapelle
Burg Lülsdorf
Sioniter Hof
Kletterhallle Bronx Rock
Wesseling
Rheinischer Sagenweg
Neu
Hof
51
555
553
190
185
18
5
6
4
5a
3
47
50
52
54
56
58
59
60
61
62
63
66

Kölner Dom

❾Autobahn unterqueren → weiter auf Radweg dem Ufer entlang →

❿links Stadtbahngleise queren → rechts der Bundesstraße entlang → vor Straßentunnel rechts abzweigen → Uferpromenade →

⓫links an Rheinauhafen vorbei → am Ufer entlang → vorbei an Severinsbrücke → vorbei an Deutzer Brücke →

⓬Köln/Ziel

Hohenzollernbrücke, Köln

LEVERKUSEN
RHEIN
Fixheide
Eisholz
BÜRRIG
KÜPPER-
STEG
Kreuz Leverkusen
Schlebusch-rath
Sonderabfalldeponie
Kreuz Leverkusen-West
BayArena
Freizeitbad CaLevornia
WIESDORF
MANFORT
Leverkusen
MERKENICH
Auf'm Alten Weerth
Ölhafen
Japanischer Garten
Landeplatz Leverkusen
Paulinenhof
Scheuerhof
Von-Diergardt-See
Mutzbach
Ford-Werke
FLITTARD
Langel
Rheinkassel
Kassel-berg
Römerstraße
FÜHLINGEN
CHOR-WEILER
Aqualand
Angel-see
Regattastrecke
Surf-see
Fühlinger See
SEEBERG
Hochseilgarten
Oranje-hof
Köln-Niehl
HEIMERSDORF
Bergheimerhof
Rheinischer Sagenweg
E37
E35
225
220

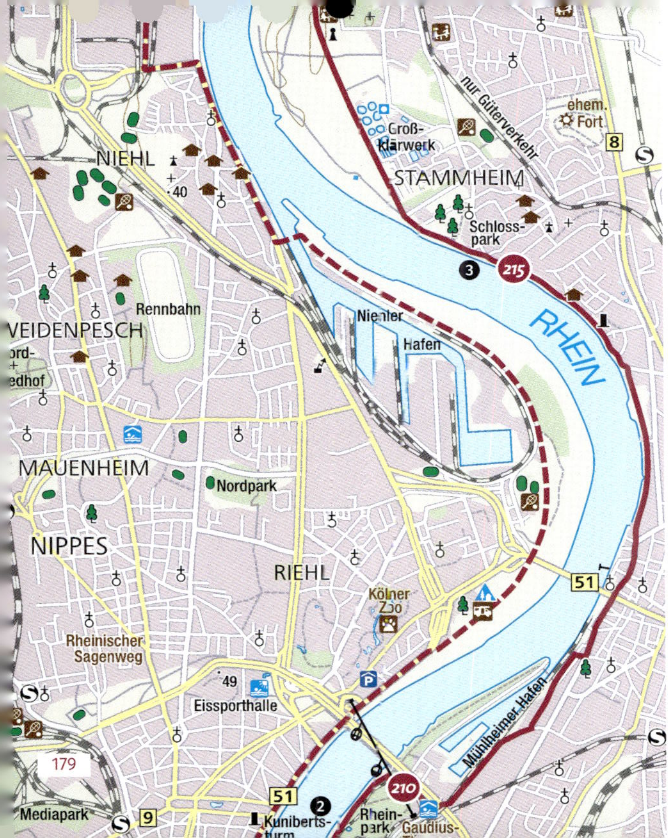

Start

❶**Köln** → über Hohenzollernbrücke die Rheinseite wechseln → in einer Schleife zum *Kennedy-Ufer* →

❷Rheinpark → vor der Brücke rechts → Gleise überqueren → links → vorbei am Thermalbad → links auf *Auenweg* → vorbei am *Mühlheimer Hafen* → links auf *Hafenstraße* → rechts und gleich links auf *Deutz-Mühlheimer Straße* → Brücke unterqueren → auf *Mühlheimer Freiheit* → links *Kranenstraße* → auf Radweg dem Rhein folgen →

❸am Stammheimer Schlosspark links → dann rechts → vorbei an Kläranlage → rechts auf *Hubertusstraße* → weiter über *Evergerstraße* → Radweg entlang der *Roggendorfstraße* → schräg links auf Radweg weiter →

❹an Bundesstraße links auf straßenbegleitenden Radweg → hinter *Otto-Bayer-Straße* rechts Straße queren → *Carl-Rumpff-Straße* → rechts auf *Christian-Heß-Straße* → hinter Brücke *Carl-Duisberg-Straße* →

❺beim Bahnhof links → Zentrum **Leverkusen** → *Dönhoffstraße* → rechts auf *Breidenbachstraße* → links auf *Hauptstraße* → am Rhein wieder rechts → Autobahn

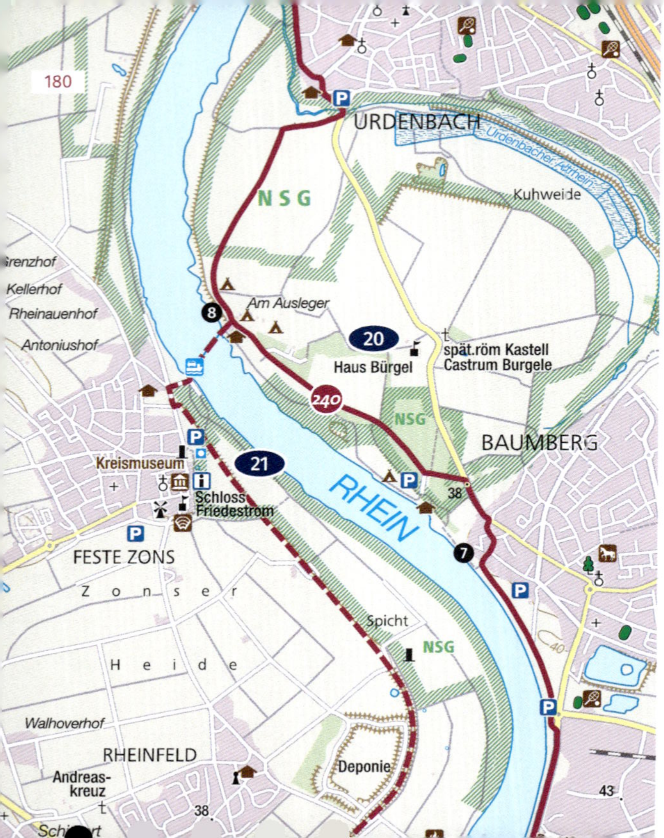

unterqueren → in Bogen über die Wupper → weiter parallel zur Autobahn → nach **Rheindorf** →

❻ vorbei am Hitdorfer Hafen → weiter auf *Rheinuferstraße* →in Bogen wieder auf den Radweg → vorbei an Monheim →

❼ **Baumberg** → rechts vom Rhein weg auf *Klappertorstraße* → links auf *Urdenbacher Weg* (über den geradeaus Haus Bürgel erreicht wird) → links Richtung Campingplatz

❽ Fähranleger (für den Besuch der Mittelalterstadt **Zons** hier übersetzen) → **Urdenbach** → rechts auf *Ortweg* → links auf *Baumberger Weg* → links auf *Am Alten Rhein* →

Historische Mühle, Zons

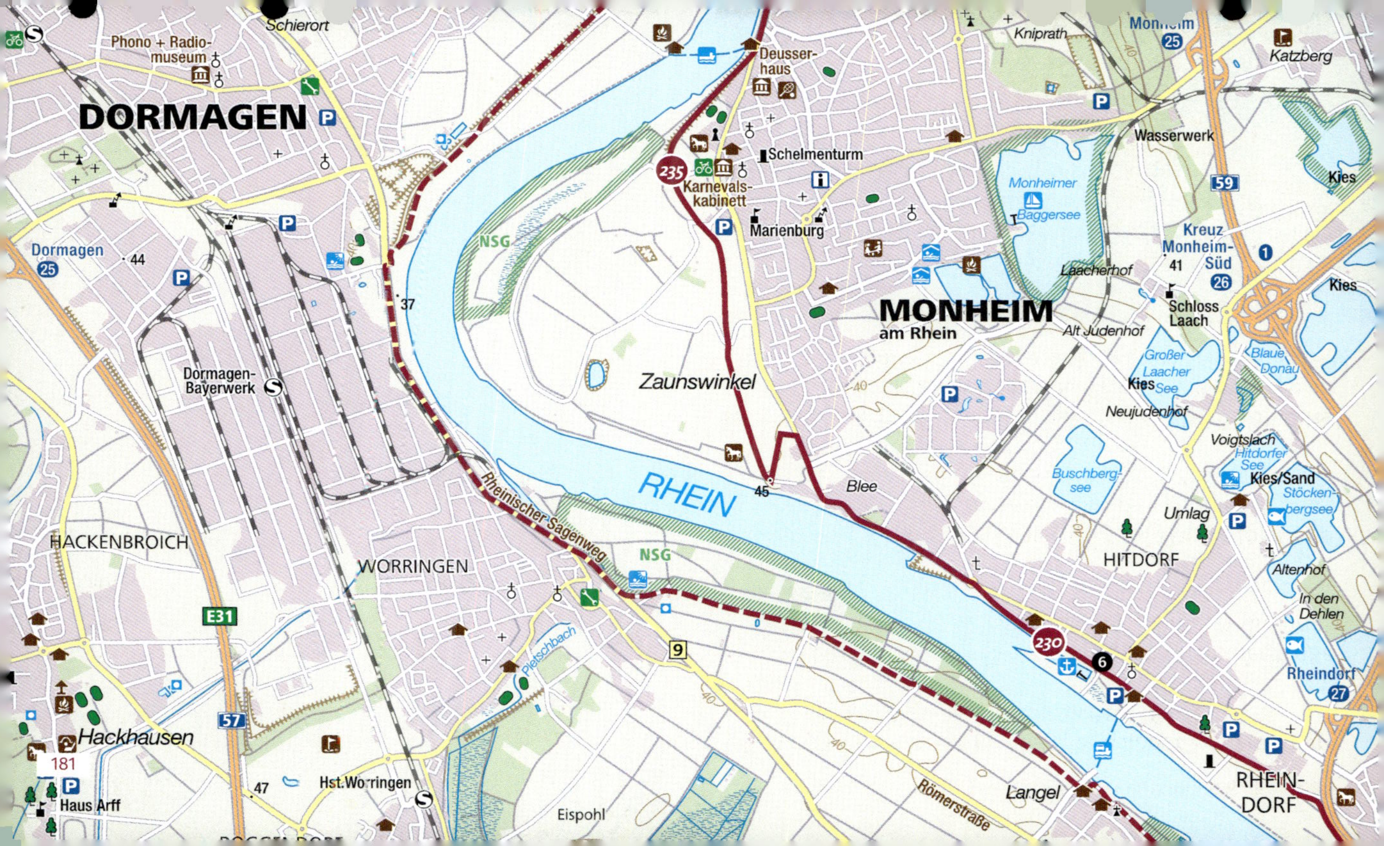
DORMAGEN
Schierort
Phono + Radio-museum
Dormagen 25
44
Dormagen-Bayerwerk
HACKENBROICH
E31
57
Hackhausen
Haus Arff
47
Hst.Worringen
WORRINGEN
Eispohl
Pletschbach
9
Rheinischer Sagenweg
Römerstraße
NSG
37
RHEIN
45
Zaunswinkel
Blee
235
Deusser-haus
Karnevals-kabinett
Schelmenturm
Marienburg
MONHEIM
am Rhein
Kniprath
Monheim 25
Wasserwerk
Monheimer Baggersee
Laacherhof
Alt Judenhof
Kreuz Monheim-Süd 26
41
59
1
Schloss Laach
Katzberg
Kies
Blaue Donau
Großer Laacher See
Neujudenhof
Buschberg-see
Voigtslach
Hitdorfer See
Kies/Sand
Stöckenbergsee
Umlag
HITDORF
Altenhof
In den Dehlen
Rheindorf 27
230
6
Langel
RHEIN-DORF
40

⑨ **Benrather Schlosspark** → links entlang der *Bonner Straße* → links auf *Am Trippelsberg* durch **Itter** → rechts und gleich wieder links weiter auf *Am Trippelsberg* → *Am Broichgraben* →

⑩ links auf *Am Steinebrück* → rechts auf *Am Bärenkamp* → durch **Himmelgeist** → in Bogen weiter auf *Himmelgeister Landstraße* → bei den Stadtwerken Düsseldorf links halten →

⑪ am Autobahnknoten links auf *Fleher Deich* → unter Fleher Brücke → *Volmerswerther Deich* → *Hammer Deich*

⑫ Josef-Kardinal-Frings-Brücke unterqueren → erst rechts halten → dann links auf *Am Sandacker* → Düsseldorfer Hafen umrunden → über Brücke zum Medienhafen mit dem Fernsehturm → vor dem Landtag rechts und gleich links → unter Rheinkniebrücke hindurch → am Ufer entlang → rechts liegt das Zentrum von

⑬ **Düsseldorf/Ziel**

DÜSSELDORF
Südfriedhof
Appelkamp
FLEHE
VOLMERSWERTH
Düsseldorf-Bilk
Fleher Brücke
Stöffeln
Düsseldorf-Wersten
Heinrich-Heine-Universität
Deichsee
Brückerbach
WERSTEN
Düsseldorf-Holthausen
Düsseldorf-Eller
Schloss Eller
RHEIN
Auf den Kämpen
GRIMLINGHAUSEN
Römischer Wachturm
Alt Wahlscheid
Neu Wahlscheid
Rheinischer Sagenweg
Himmelsberg
HOLT-HAUSEN
HIMMEL-GEIST
Haus Elbroich
REISHOLZ
ITTER
DERIKUM
UEDESHEIM
Neuss-Uedesheim
Schloss Mickeln
Weidfeld
Stüttgen
Dreieck Neuss-Süd
Wertacker
NSG
Auf der Jücht (Mickelner Fähre)
Silbersee
ELVEKUM
Norfbach
Schloss Benrath
Schlosspark
Grind
Urdenbacher Altrhein

Start

❶ **Düsseldorf** → Oberkasseler Brücke → rechts des Rheinufers entlang → links des Rheinparks weiter → *Robert-Lehr-Ufer* →

❷ vor der Theodor-Heuss-Brücke rechts → gleich links → Brücke unterqueren → *Rotterdamer Straße* → beim Messegelände weiter geradeaus entlang des Rheins → weiter auf *Lohauser Deich* →

❸ Flughafenbrücke unterqueren → weiter nach

❹ **Kaiserswerth** → auf Höhe der Rheinfähre in Schleife wieder zum Rhein → *Herbert-Eulen-Weg* → vorbei an Kaiserpfalz →

❺ **Wittlaer** → rechts auf Rheinuferweg → im Bogen links auf *Zur Schwarzbachmündung* → links auf *Schulweg* → *Bockumer Straße* durch **Bockum** folgen →

❻ in Rechtskurve der *Bockhumer Straße* links weiter *Auf Roßpfad* → *Am Hasselberg* → links auf *Holtumer Mühlenweg* → rechts *Am Hasselberg* →

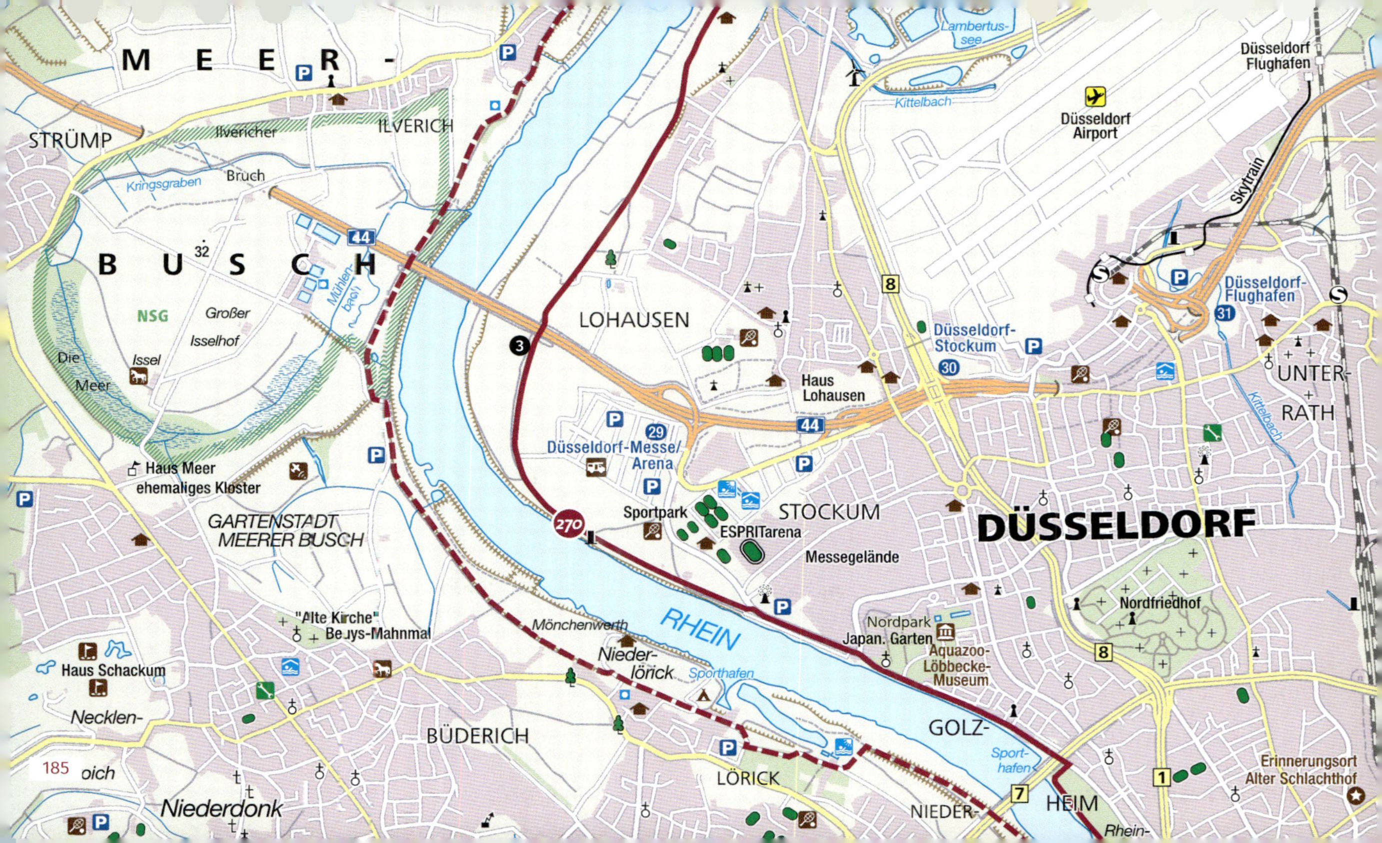
MEER-
BUSCH
32
STRÜMP
Ilvericher
ILVERICH
Kringsgraben
Bruch
44
Mühlenbach
NSG
Großer
Isselhof
Die
Issel
Meer
Haus Meer
ehemaliges Kloster
GARTENSTADT
MEERER BUSCH
"Alte Kirche"
Beuys-Mahnmal
Haus Schackum
Necklen-
oich
Niederdonk
BÜDERICH
Mönchenwerth
Nieder-
lörick
Sporthafen
LÖRICK
NIEDER-
RHEIN
3
270
LOHAUSEN
Haus
Lohausen
29
Düsseldorf-Messe/
Arena
Sportpark
ESPRITarena
STOCKUM
Messegelände
Nordpark
Japan. Garten
Aquazoo-
Löbbecke-
Museum
GOLZ-
Sport-
hafen
7
HEIM
Rhein-
Lambertus-
see
Kittelbach
8
Düsseldorf-
Stockum
30
Düsseldorf
Airport
Düsseldorf
Flughafen
Skytrain
Düsseldorf-
Flughafen
31
UNTER-
RATH
Kittelbach
DÜSSELDORF
Nordfriedhof
1
Erinnerungsort
Alter Schlachthof

Tiger & Turtle, Duisburg

❼ rechts auf *Dionysiusweg* → an Dionysiuskapelle rechts → auf *Dorfstraße* durch **Serm** → links auf *Am Klapptor* → rechts auf **Breitenkamp** →

Lohnenswerter Schlenker zur Burg Linn

① links auf *Dionysiusweg* → rechts auf *Rheinheimer Weg* → links → in Bogen über die Felder → links auf *Krefelder Straße* →

② über *Krefeld-Uerdinger Brücke* → in Bogen rechts zur *Mündelheimer Straße* → links → gleich links auf *Königsberger Straße* → weiter auf *Hafenstraße* bis zur

③ Burg Linn

retour auf demselben Weg

❽ *Krefelder Straße* queren → dahinter rechts weiter → *Am Heidberg* → links auf *Am Ungelsheimer Graben* durch **Ungelsheim** → rechts auf *Am Grünen Hang* → links *Am Förkelsgraben* → vorbei an Sportplätzen →

❾ *Am Neuen Angerbach* links → dem Angerbach folgen → dann überqueren → durch Angerpark vorbei an Tiger & Turtle → dahinter weiter auf *Goetzkestraße* → rechts auf *Steinbrinkstraße* → rechts und gleich links entlang der *Kaiserswerther Straße* → links auf *Molbergstraße* → *Am Tollberg* → Straße und Gleise queren → *Friemersheimer*

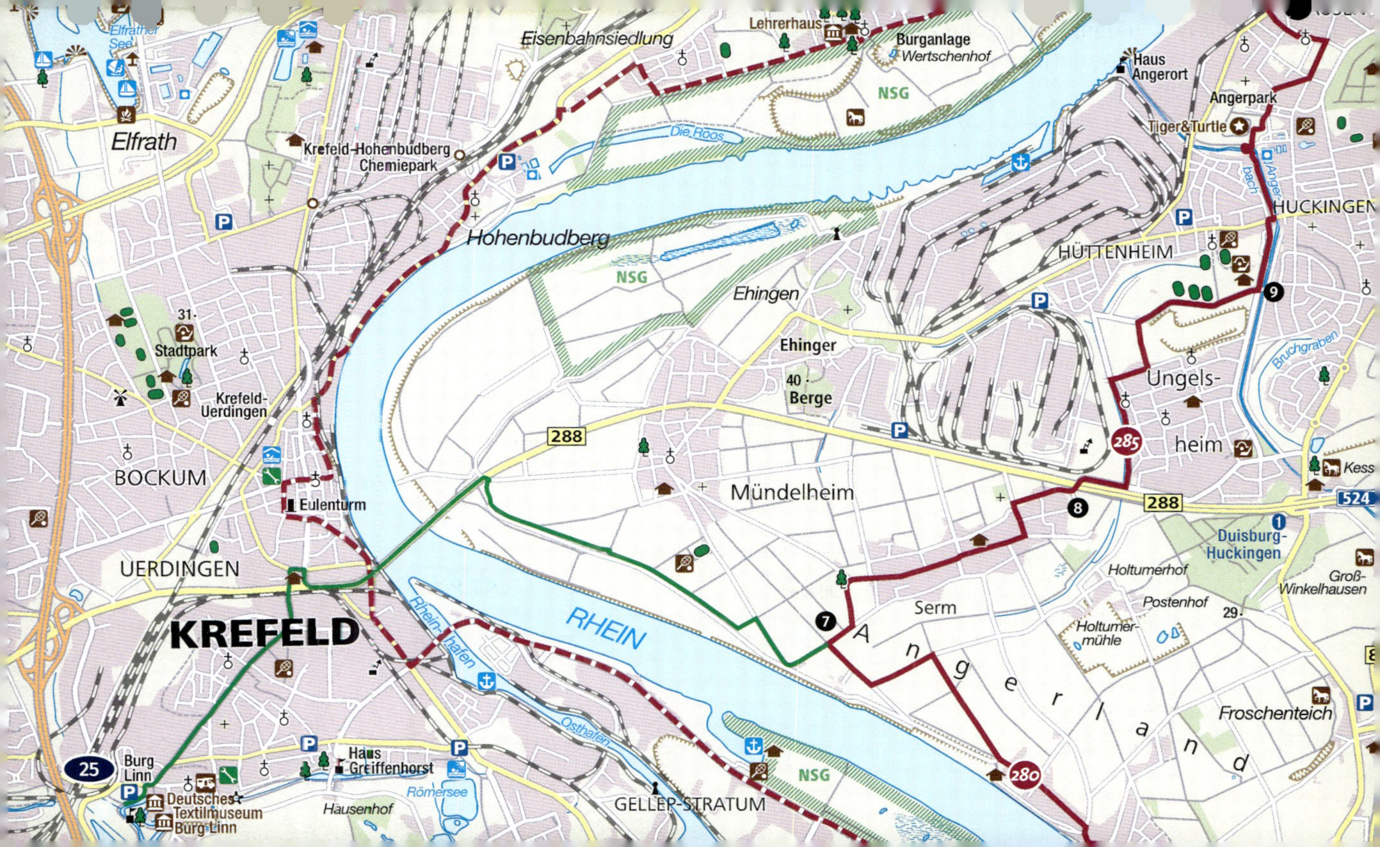

Elfrather See
Elfrath
Eisenbahnsiedlung
Lehrerhaus
Burganlage
Wertschenhof
NSG
Haus
Angerort
Angerpark
Tiger&Turtle
Krefeld-Hohenbudberg
Chemiepark
Die Roos
Anger-
bach
HUCKINGEN
Hohenbudberg
HÜTTENHEIM
NSG
Ehingen
9
31
Stadtpark
Ehinger
Bruchgraben
40
Berge
Ungels-
heim
Krefeld-
Uerdingen
285
288
Kess
BOCKUM
Eulenturm
Mündelheim
288
524
8
1
Duisburg-
Huckingen
UERDINGEN
Holtumerhof
Groß-
Winkelhausen
Postenhof
29
Serm
Holtumer-
mühle
7
RHEIN
Rhein-
hafen
A n g e r l a n d
KREFELD
Froschenteich
Osthafen
NSG
25
Burg
Linn
Haus
Greiffenhorst
Römersee
280
Deutsches
Textilmuseum
Burg Linn
Hausenhof
GELLEP-STRATUM

DUISBURG
MOERS
RHEIN
Ruhr
BEECKERWERTH
LAAR
UNTER-
MITTEL-
Duisburg-Meiderich
DU-Meiderich-Süd
Duisburg-Ruhrort
DU-Ruhrort
Museum der Deutschen Binnenschifffahrt
Radiomuseum
Haniel Museum
Museumsschiff
Nordhafen
Südhafen
Hafenmund
Hafenkanal
RUHRORT
Autohof
Kreuz Duisburg
Route der Industriekultur
ZIEL
Rheinorange
Alter Hebeturm
Hochhalen
Wasserwerk
Gerdt
MEERBECK
Uettelsheim
Uettelsheimer See
Parkfriedhof
ALT-HOMBERG
SCHERPENBERG
HOCHHEIDE
HOCHSTRASS
ASBERG
Duisburg-Rheinhausen
Essenberg
Duisburg-Homberg
Röm.Kastell
Winkelhausen
Burgfeld
Asterlagen
Oestrum
KASSLERFELD
NEUENKAMP
Duisburg-Häfen
Kultur-u.Stadthistorisches Museum
Museum Küppersmühle
ALTSTADT
Duisburg Duissern
Lehmbruck-Museum
Hbf.
Duisburg-Zentrum
DELL-
Kletterverein Duisburg
40
E34
26
59
300
295

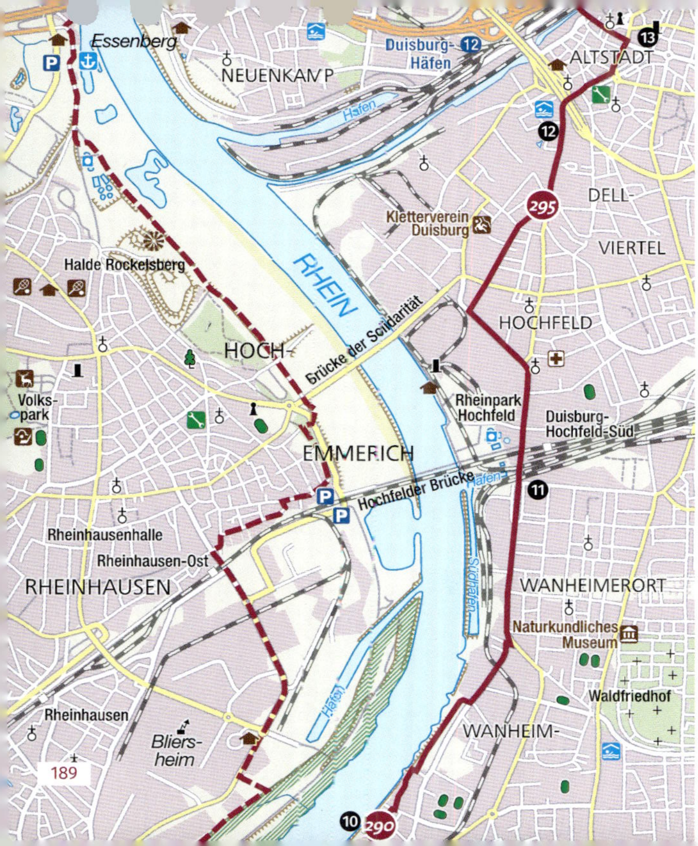

10 am Rhein wieder rechts → *Augsburger Straße* → *Wanheimer Straße* → Gleise und Straße überqueren → über Brücke →

11 am Bahnhof Duisburg Hochfeld-Süd unter Gleisen hindurch → weiter auf *Wanheimer Straße* → an Kirche St. Bonifatius links → *Wörthstraße* → rechts auf *Hochfeldstraße* → links auf *Heerstraße* →

12 Stadtautobahn unterqueren → weiter entlang der *Steinschen Gasse* → in die

13 Altstadt von **Duisburg** → links auf *Schwanenstraße* → über Schwanentor über Duisburger Innenhafen → über *Ruhrorter Straße* →

14 vor der Ruhr im Kreisverkehr links auf *Am Brink* → rechts auf *Kaßlerfelder Straße* → rechts und zuletzt Ruhr bis zur

15 Ruhr bis zur Mündung in den Rhein folgen → **Skulptur Rheinorange/Ziel**

Zeit, den Akku aufzuladen

Deine Radreise soll ein unvergessliches Erlebnis werden. Dazu gehört auch das Aufladen der Akkus sowohl von Mensch als auch Maschine. Verlässliche und aktuelle Informationen hierzu finden sich auf den Seiten der Tourismusverbände und Tourist-Information der Orte.

ANREISE & ABREISE

Alle Start- und Zielorte sind mit Bus und Bahn zu erreichen. Die Mitnahme von Fahrrädern in Zügen/Bussen wird allerdings sehr unterschiedlich gehandhabt und ist zeitlichen Einschränkungen unterworfen. Informiere dich deshalb vorab:

Deutsche Bahn
www.bahn.de/service/individuelle-reise/bahn_und_fahrrad

TOURENPLANUNG

Beachte bei der Tourenplanung, dass viele stadtnahe Radwege an Wochenenden und Feiertagen stark frequentiert sind. Reserviere deine geplanten Übernachtungen vorab, vor allem, wenn du mit mehreren Personen oder in der Hochsaison unterwegs bist. Informationen zu Übernachtungsmöglichkeiten kannst du auf den Seiten der jeweiligen Tourismusverbände finden.

UNTERWEGS MIT KINDERN

Passe die Fahrstrecke den Bedürfnissen und Fähigkeiten deiner Kinder an. Durch die flache Wegführung und die vielen Einkehrmöglichkeiten direkt am Weg sind alle Abschnitte für Kinder geeignet. Nutze die lohnenswerten Schlenker und andere interessante Ausflugsziele unterwegs (Tier- und Naturparks, Badeseen, Minigolfanlagen usw.), um die Radtour abwechslungsreich zu gestalten. Genügend zu Trinken, etwas Obst und vor allem Badesachen sollten nicht fehlen.

ORTE & TOURISMUS-BÜROS

ANDERNACH
Stadtmarketing
Hochstraße 80
56626 Andernach
Tel. +49 (0)2632/9879480
www.andernach.net

BACHARACH
Stadtverwaltung
Oberstr. 10
55422 Bacharach
Tel. +49 (0)6743/919303
www.bacharach.de

BAD BREISIG
Tourist-Information
Koblenzer Str. 39 (Kurpark)
53498 Bad Breisig
Tel. +49 (0)2633/45630
www.bad-breisig.de

BAD HÖNNINGEN
Tourist-Information
Hauptstraße 84
53557 Bad Hönningen
Tel. +49 (0)2635/2273
www.bad-hoenningen.de

BAD HONNEF
Rathaus
Rathausplatz 1
53604 Bad Honnef
Tel. +49 (0)2224/1840
www.bad-honnef.de

BENDORF
Tourist-Information
Im Stadtpark 1
56170 Bendorf
Tel. +49 (0)2622/7073
www.bendorf.de

BINGEN AM RHEIN
Tourist Information
Rheinkai 21
55411 Bingen am Rhein
Tel. +49 (0)6721/184200
www.bingen.de

BONN
Tourist Information
Windeckstr. 1 (Münsterplatz)
53111 Bonn
Tel. +49 (0)228/775000
www.bonn.de

BOPPARD
Tourist Information
Marktplatz (Altes Rathaus)
56154 Boppard
Tel. +49 (0)6742/3888
www.boppard-tourismus.de

BRAUBACH
Tourist-Information
Rathausstraße 8
56338 Braubach
Tel. +49 (0)2627/976001
www.braubach.de

DORMAGEN
Stadtverwaltung
Schlossstraße 2-4
41541 Dormagen
Tel. +49-(0)2133/257-647
www.dormagen.de

DUISBURG
Bürger- und Ordnungsamt
Königstraße 86

claudia sträter
DOUGLAS

47051 Duisburg
Tel. +49-(0)203-285440
www.duisburg.de

DÜSSELDORF
Düsseldorf Marketing & Tourismus GmbH
Benrather Str. 9
47049 Düsseldorf
Tel. +49-(0)211-17 20 2867
www.duesseldorf-tourismus.de

ELTVILLE AM RHEIN
Magistrat
Burgstraße 1
65343 Eltville am Rhein
Tel. +49 (0)6123/90980
www.eltville.de

GERNSHEIM
Rathaus
Stadthausplatz 1
64579 Gernsheim
Tel. +49 (0)6258/1080
www.gernsheim.de

KOBLENZ
Tourist-Info Hauptbahnhof
Zentralplatz 1
56068 Koblenz
Tel. +49 (0)261/1291610
www.koblenz-touristik.de

KÖLN
Tourismus GmbH
Kardinal-Höffner-Platz 1
50667 Köln
Tel. +49 (0)221/3446430
www.koelntourismus.de

KÖNIGSWINTER
Stadtverwaltung
Drachenfelsstr. 9
53639 Königswinter
Tel. +49 (0)2244/8890
www.koenigswinter.de

LAHNSTEIN
Stadtverwaltung
Salhofplatz 3
56112 Lahnstein
Tel. +49 (0)2621/914171
www.lahnstein.de

LEVERKUSEN
51311 Leverkusen
Tel. +49-(0)214-406-0
www.leverkusen.de

LUDWIGSHAFEN
Tourist-Information
Berliner Platz 1
67059 Ludwigshafen
Tel. +49 (0)621/512036
www.lukom.com

MAINZ
Touristik Centrale
Brückenturm am Rathaus
Rheinstraße 55
55116 Mainz
Tel. +49 (0)6131/242888
www.mainz-tourismus.com

MANNHEIM
Tourist Information
Willy-Brandt-Platz 3 (am Bahnhofsvorplatz)
68161 Mannheim
Tel. +49 (0)621/2938700
www.mannheim.de

NEUWIED
Tourist-Information
Pavillon Luisenplatz,
Marktstr. 59
56564 Neuwied
Tel. +49 (0)2631/8025555
www.neuwied.de

NEUSS
Stadtverwaltung Neuss
Büchel 6
41460 Neuss
Tel. +49-(0)2131-4037795
www.neuss.de

NIEDERKASSEL
Stadtverwaltung
Rathausstr. 19
53859 Niederkassel
Tel. +49 (0)2208/94660
www.niederkassel.de

NIERSTEIN
Gemeindeverwaltung
Bildstockstr. 10
55283 Nierstein
Tel. +49 (0)6133/960500
www.nierstein.de

OBERWESEL
Tourist Information
Rathausstr. 3
55430 Oberwesel
Tel. +49 (0)6744/710624
www.oberwesel.de

OPPENHEIM
Touristinfo
Merianstr. 2
55276 Oppenheim
Tel.+49 (0)6133/490914
oder -15
www.stadt-oppenheim.de

REMAGEN
Touristinformation
Bachstr. 5
53424 Remagen
Tel. +49 (0)2642/20187
www.remagen.de

FINDE
Deinen Augenblick
Der Autor deiner Abenteuer bist du. Halte sie in unserem neuen Tourenbuch fest und mach deine Bike-Touren unvergesslich.
©mRGB - stock.adobe.com
KOMPASS
Fahrradlust
FAHRRAD
TOURENBUCH

IMPRESSUM

© KOMPASS-Karten, A-6020 Innsbruck (22.01)
Auflage 2022 Verlagsnummer 6925 ISBN 978-3-99121-324-6

Text: Julia Bihar

..elbild: Radeln am Rheinufer bei Ingelheim (© Rheinhessen-Touristik GmbH, all rights reserved)

S. 4/5, 42/43, 48/49, 63; 190/191 unten: © Stadt Bingen/Torsten Silz
S. 6/7 oben, 30/31: © Michael Behrens – Unsplash
S. 6/7 unten, 46/47: © www.rheingau.com/Filmagentur Rheingau, Woody T. Herner
S. 8/9 oben, 72/73: © Gert Spießhofer – Pixabay
S. 8/9 unten, 86/87: © 12222786 – Pixabay
S. 10/11 oben, S. 107 oben, 108/109, 112/113, 196/197: © Dieter Jacobi / Köln Tourismus GmbH
S. 10/11 unten, 122/123, 127/128, 148, 151: © Tourismus NRW e.V., Foto Dominik Ketz
S. 12/13: ©DisobeyArt - stock.adobe.com
S. 14-17: © Iryna Budanova – stock.adobe.com
S. 18–19: © rustamank – stock.adobe.com
S. 20–21: © dusanpetkovic1 – stock.adobe.com
S. 22–23: © Diamant Fahrradwerke GmbH
S. 34: © lapping - Pixabay
S. 35: © Landeshauptstadt Mainz
S. 36: © Jürgen Kreuzer – Unsplash
S. 37, 144: © Staatliche Schlösser und Gärten Hessen, Foto Michael Leukel
S. 38: © Stadt Eltville am Rhein
S. 39, 62/63 oben: © Sven Moschitz
S. 40/41: © www.rheingau.com, Rüdesheim Tourist AG, Marlis Steinmetz
S. 44/45: © Engin_Akyurt pixabay
S. 50, 52/53, 54/55, 155, 165: ©Romantischer Rhein Tourismus GmbH
S. 51: © Kevin Kalfels, Romantischer Rhein Tourismus GmbH
S. 56/57: © cattalin pixabay
S. 58/59, 157: © Katja S. Verhoeven – Pixabay
S. 60/61: © Luca Jonas – Unsplash
S. 64/65: © ulrichpruemm – Pixabay
S. 66, 158: © Tourist-Information Erlebnis Rheinbogen (Mahlow Media)
S. 68, 69: © analogicus – Pixabay
S. 70/71: © Barbara Dudzinska - Shutterstock
S. 74/75: © Stiftung Sayner Hütte
S. 76/77: © Geysir.info gGmbH, Foto Klaus-Peter Kappest
S. 78/79: © A. Weber, RömerWelt
S. 80/81: © Theo Rivierenlaan – Pixabay
S. 82/83: © Karolina Nichitin – Unsplash
84/85: © RitaF Pixabay
S. 88/89: © Sabine Walczuch
S. 91: © Valdas Miskinis – Pixabay
92/93: © gabriele mlink – Pixabay
S. 95 oben: © Kunst- und Ausstellungshalle der Bundesrepublik Deutschland GmbH
S. 95 unten: © Stiftung Haus der Geschichte: Axel Thünker
96/97: © Haus am Rhein
S. 98/99: © Giacomo Zucca, Bundesstadt Bonn
S. 101: © M. Scholl
102/103: © Horst Gummersbach: Schlösserverwaltung Brühl
S. 105: © www.badurina.de: Köln Tourismus GmbH

S. 106/107 unten: © Axel Schulten: Köln Tourismus GmbH
S. 110/111: © RitaE Pixabay
S. 114/115 oben: Karsten Paulick – Pixabay
S. 115 unten: © Rolf Carstens, 2014
S. 116/117 (Mitte): © Michael Hotopp
S. 117: © Franziska Gräfe
S. 118/119: © Stiftung Schloss und Park Benrath
S. 120/121, 132/133: © Michael Gaida – Pixabay
S. 125/126: © planet_fox Pixabay
S. 128/129: © Förderverein Kaiserpfalz e.V.
S. 130: © WaldNob – Pixabay
S. 131: © denfran – Pixabay
S. 135: © Museum der Deutschen Binnenschifffahrt Duisburg
S. 136/137: Markus Distelrath - Pixabay
S. 138/139: ©Jule_Berlin - stock.adobe.com
S. 140/141: © neshom Pixabay
S. 152/153: Error 420 - Pixabay
S. 161: Kookay – Pixabay
S. 170: © Foto Michael Sondermann, Bundesstadt Bonn Bundeskunsthalle
S. 172, 192/193: © Reinhart Julian – Unsplash
S. 176, 194/195: © Slavan V – Pixabay
S. 177: © Pit Karges – Pixabay
S. 180: © Swen Möser – Pixabay
S. 186: © Jennifer Latuperisa Andresen – Unsplash

Grafische Herstellung: Julia Bihar
Kartengrundlage für Extra-Tourenkarte: © MairDumont, D-73751 Ostfildern 4

Alle Angaben und Tourenbeschreibungen wurden nach bestem Wissen gemäß unserer derzeitigen Informationslage gemacht. Die Radtouren wurden sehr sorgfältig ausgewählt und beschrieben, Schwierigkeiten werden im Text kurz angegeben. Es können jedoch Änderungen an Wegen und im aktuellen Naturzustand eintreten. Radfahrer und alle Kartenbenützer müssen darauf achten, dass aufgrund ständiger Veränderungen die Wegzustände bezüglich Befahrbarkeit sich nicht mit den Angaben in der Karte decken müssen. Bei der großen Fülle des bearbeiteten Materials sind daher vereinzelte Fehler und Unstimmigkeiten nicht vermeidbar. Die Verwendung dieses Radreiseführers + Extratourenkarte erfolgt ausschließlich auf eigenes Risiko und auf eigene Gefahr, somit eigenverantwortlich. Eine Haftung für etwaige Unfälle oder Schäden jeder Art wird daher nicht übernommen. Für Berichtigungen und Verbesserungsvorschläge ist die Redaktion stets dankbar. Korrekturhinweise bitte an folgende Anschrift:

KOMPASS-KARTEN GMBH
Karl-Kapferer-Straße 5, A-6020 Innsbruck
www.kompass.de/service/kontakt

FSC
www.fsc.org
MIX
Papier aus verantwortungsvollen Quellen
FSC® C018236